Table des matières

Introduction 14

Recettes pour le petit-déjeuner 15

1. Omelette aux légumes 16
2. Porridge aux fruits 16
3. Pancakes moelleux 17
4. Muffins aux myrtilles 17
5. Smoothie bowl 18
6. Œufs cocotte au jambon 18
7. Quiche aux légumes 19
8. Gaufres croustillantes 19
9. Crêpes aux fruits 20
10. French toast 20
11. Pudding au chia et aux fruits 21
12. Pain perdu à la cannelle 21
13. Muesli maison 22
14. Pains au chocolat 22
15. Bagel complet 23
16. Smoothie énergisant 23
17. Crème de blé au lait 24
18. Quinoa au lait 24
19. Barres de céréales maison 25
20. Smoothie au yaourt et aux baies 25

Soupes et potages 26

21. Soupe à l'oignon 27

22. Velouté de courge 27
23. Minestrone 28
24. Soupe thaïe au poulet 28
25. Soupe de légumes 29
26. Soupe de tomates et basilic 29
27. Soupe de lentilles corail 30
28. Soupe de poisson 30
29. Soupe aux champignons 31
30. Soupe de pois cassés 31
31. Soupe de chou-fleur 32
32. Soupe de haricots blancs et chorizo 32
33. Soupe de lentilles vertes 33
34. Soupe de poulet et nouilles 33
35. Soupe à la tomate et aux légumes 34
36. Soupe de brocoli et cheddar 34
37. Velouté de poireaux 35
38. Soupe de maïs 35
39. Soupe à la patate douce et au gingembre 36
40. Soupe de légumes verts 36

Plats de viande 37

41. Poulet tikka masala 38
42. Bœuf bourguignon 38
43. Rôti de porc aux pommes 39
44. Gigot d'agneau aux légumes 39
45. Poulet rôti aux herbes 40
46. Côtes de porc à la moutarde 40
47. Osso buco de veau 41
48. Sauté de porc aux poivrons 41
49. Carbonade flamande 42
50. Poulet au curry 42

Catherine Dupont

Le Grand Livre du Cookeo 300

Recettes Rapides, délicieuses et très variées au quotidien

Tous droits réservés

Tous droits de reproduction, d'adaptation et de traduction, intégrale ou partielle réservés pour tous pays. L'auteur ou l'éditeur est seul propriétaire des droits et responsable du contenu de ce livre.

© 2023 Catherine Dupont

ISBN : 9798850707668

51. Sauté de veau à la crème et aux champignons 43
52. Chili con carne 43
53. Filet mignon de porc à la moutarde et aux champignons 44
54. Poulet au paprika 44
55. Ragoût de bœuf aux légumes 45
56. Porc au caramel 45
57. Poulet au citron et à l'ail 46
58. Bœuf Stroganoff 46
59. Côtes d'agneau aux herbes 47
60. Poitrine de porc croustillante 47

Plats de poisson 48

61. Saumon en papillote 49
62. Cabillaud à la provençale 49
63. Filets de sole aux amandes 50
64. Crevettes créoles 50
65. Truite aux amandes 51
66. Paella aux fruits de mer 51
67. Filets de bar à la sauce citronnée 52
68. Moules à la marinière 52
69. Brochettes de crevettes et de légumes 53
70. Papillotes de poisson aux légumes 53
71. Brandade de morue 54
72. Brochettes de saumon teriyaki 54
73. Lotte à la provençale 55
74. Soupe de poisson 55
75. Filets de dorade au citron et aux herbes 56
76. Gratin de poisson 56
77. Papillotes de saumon aux légumes 57
78. Curry de crevettes 57
79. Papillotes de cabillaud aux légumes méditerranéens 58

80. Filets de truite aux amandes et au citron 58

Plats végétariens 59

81. Risotto aux champignons 60
82. Ratatouille 60
83. Curry de légumes 61
84. Chili végétarien 61
85. Curry de pois chiches et épinards 62
86. Lasagnes végétariennes 62
87. Poêlée de légumes 63
88. Tofu sauté aux légumes 63
89. Quinoa aux légumes 64
90. Ratatouille de lentilles 64
91. Poêlée de quinoa et légumes 65
92. Tarte aux légumes 65
93. Riz sauté aux légumes 66
94. Lentilles au curry 66
95. Poêlée de champignons et épinards 67
96. Curry de pois chiches et patates douces 67
97. Courgettes farcies au quinoa 68
98. Poêlée de légumes et tofu 68
99. Pizza végétarienne 69
100. Poêlée de champignons et quinoa 69

Pâtes et risottos 70

101. Spaghetti à la carbonara 71
102. Risotto aux champignons 71
103. Penne à la sauce tomate 72
104. Linguine aux fruits de mer 72
105. Rigatoni à la sauce bolognaise 73
106. Risotto aux asperges 73

107.	Farfalle à la crème de saumon	74
108.	Risotto aux champignons et épinards	74
109.	Pâtes à la crème de poulet	75
110.	Risotto aux légumes	75
111.	Linguine aux légumes grillés	76
112.	Tagliatelles à la crème de champignons	76
113.	Raviolis aux épinards et ricotta	77
114.	Fusilli aux légumes méditerranéens	77
115.	Pâtes aux crevettes et à l'ail	77
116.	Risotto aux asperges et au parmesan	78
117.	Pâtes à la puttanesca	78
118.	Risotto aux champignons et truffe	79
119.	Pâtes à la crème de courgettes	79
120.	Risotto aux tomates séchées et basilic	80

Plats exotiques 81

121.	Poulet tikka masala	82
122.	Curry de crevettes au lait de coco	82
123.	Pad thaï au poulet	83
124.	Poulet au curry vert	83
125.	Riz cantonais	84
126.	Curry de bœuf à la noix de coco	84
127.	Couscous aux légumes	85
128.	Poulet aux arachides	85
129.	Tacos au porc effiloché	86
130.	Poulet au curry jaune et lait de coco	86
131.	Poisson au lait de coco et curry rouge	87
132.	Riz sauté aux légumes	87
133.	Porc à la sauce aigre-douce	88
134.	Crevettes à la noix de coco et curry rouge	88
135.	Saumon teriyaki	89

136. Poulet tandoori 89
137. Bœuf aux oignons 90
138. Crevettes curry coco 90
139. Poulet à l'ananas 91
140. Porc caramel 91

Plats rapides 92

141. Poulet au citron et au thym 93
142. Omelette aux légumes 93
143. Penne à la sauce tomate 94
144. Sandwich au poulet grillé 94
145. Salade de quinoa aux légumes 95
146. Crevettes à l'ail et au citron 95
147. Nouilles sautées aux légumes 96
148. Poêlée de légumes et saucisses 96
149. Poisson à la vapeur 97
150. Riz frit aux légumes et crevettes 97
151. Spaghetti à la bolognaise 98
152. Ratatouille 98
153. Poulet aux légumes 99
154. Pâtes à la carbonara 99
155. Chili con carne 100
156. Poulet au curry : 100
157. Poivrons farcis au quinoa 101
158. Tagliatelles au saumon et à la crème 101
159. Boulettes de viande en sauce tomate 102
160. Poêlée de légumes sautés 102

Plats mijotés 103

161. Bœuf bourguignon 104
162. Poulet basquaise 104

163.	Chili con carne	105
164.	Navarin d'agneau	105
165.	Blanquette de veau	106
166.	Ratatouille	106
167.	Coq au vin	107
168.	Tajine de poulet aux olives et citrons confits	107
169.	Bœuf aux carottes	108
170.	Daube provençale	108
171.	Poulet à la provençale	109
172.	Ragoût de veau aux légumes	109
173.	Bœuf bourguignon	110
174.	Lapin à la moutarde	110
175.	Blanquette de veau	111
176.	Bœuf aux pruneaux	111
177.	Carbonnade flamande	112
178.	Poulet au curry	112
179.	Sauté de porc aux champignons	113
180.	Ragoût de légumes	113

Recettes du monde 114

181.	Pad thaï	115
182.	Paella	115
183.	Curry de poulet indien	116
184.	Tacos mexicains	116
185.	Moussaka grecque	117
186.	Bobotie sud-africain	117
187.	Couscous marocain	118
188.	Sushi	118
189.	Tikka masala indien	119
190.	Feijoada brésilienne	119
191.	Moussaka turque	120

192. Ceviche péruvien 120
193. Massaman curry thaïlandais 121
194. Goulash hongrois 121
195. Bibimbap coréen 122
196. Rendang indonésien 122
197. Chiles en nogada mexicains 123
198. Paella végétarienne 123
199. Pad thaï thaïlandais 124
200. Empanadas argentines 124

Légumes vapeur 125

201. Brocoli vapeur 126
202. Carottes vapeur à l'ail et au persil 126
203. Haricots verts vapeur à la sauce soja 126
204. Courgettes vapeur à la menthe et au citron 127
205. Poireaux vapeur à la vinaigrette 127
206. Navets vapeur à la sauce tahini 128
207. Artichauts vapeur au beurre à l'ail 128
208. Poivrons vapeur farcis aux légumes 129
209. Fenouil vapeur à l'orange 129
210. Patates douces vapeur à la cannelle 130
211. Asperges vapeur au parmesan 130
212. Pois mange-tout vapeur au gingembre 131
213. Navets violets vapeur à la coriandre 131
214. Chou-fleur vapeur à la noisette 132
215. Potiron vapeur à la cannelle 132
216. Haricots blancs vapeur à l'ail et au romarin 133
217. Courge butternut vapeur à la muscade 133
218. Poireaux vapeur à la crème de moutarde 134
219. Navets jaunes vapeur à la coriandre et au citron vert 134
220. Pommes de terre vapeur à l'ail et au thym 135

Desserts 136

221. Fondant au chocolat 137
222. Crème brûlée 137
223. Tarte aux pommes 138
224. Crumble aux fruits rouges 138
225. Moelleux au citron 139
226. Pudding au caramel 139
227. Crème aux œufs 140
228. Gâteau au yaourt 140
229. Riz au lait 141
230. Mousse au chocolat 141
231. Clafoutis aux cerises 142
232. Tarte au citron meringuée 142
233. Brownies 143
234. Crème caramel 143
235. Flan pâtissier 144
236. Panna cotta 144
237. Tarte Tatin 145
238. Gâteau au yaourt et aux fruits 145
239. Muffins aux myrtilles 146
240. Crumble aux pommes 146

Recettes de soupes asiatiques 147

241. Soupe miso 148
242. Soupe tom yum 148
243. Soupe tonkinoise (phở) 149
244. Soupe wonton 149
245. Soupe laksa 150
246. Soupe kimchi 150
247. Soupe thom kha gai (soupe de poulet à la noix de coco) .. 151

248. Soupe udon...151
249. Soupe vietnamienne au poulet (Canh ga nấu mang)................................152
250. Soupe curry rouge de crevettes..152
251. Soupe wonton aux légumes..153
252. Soupe thaï au poulet et à la noix de coco (Tom Kha Gai).........................153
253. Soupe japonaise au miso..154
254. Soupe thaïe aux crevettes et aux nouilles (Tom Yum Goong)..................154
255. Soupe chinoise aux raviolis vapeur (Xiao Long Bao)................................155
256. Soupe coréenne aux algues et au tofu (Miyeokguk).................................155
257. Soupe chinoise aux nouilles et au poulet (La Mian)..................................156
258. Soupe vietnamienne au bœuf (Phở Bò)..156
259. Soupe japonaise au poulet et aux légumes (Yasai Nabe).........................157
260. Soupe chinoise aux crevettes et au maïs..157

Plats pour enfants 158

261. Spaghettis à la bolognaise..159
262. Nuggets de poulet maison...159
263. Mini pizzas express...160
264. Poulet au miel et à la moutarde...160
265. Gratin de pâtes au fromage...161
266. Boulettes de viande à la sauce tomate..161
267. Croquettes de poisson...162
268. Risotto crémeux aux légumes...162
269. Poulet pané croustillant...163
270. Tacos au bœuf...163
271. Macaroni au fromage...164
272. Poulet rôti aux légumes...164
273. Pizza roulée...165
274. Brochettes de poulet et légumes...165
275. Fish and chips..166
276. Quesadillas au poulet..166

277.	Boulettes de viande et spaghetti	167
278.	Mini quiches au jambon et aux légumes	167
279.	Poulet au curry et au lait de coco	168
280.	Pâtes au saumon et à la crème	168

Recettes à IG bas..............................169

281.	Chili con carne à l'indice glycémique bas	170
282.	Poulet aux légumes	170
283.	Saumon aux épices douces	171
284.	Ratatouille à IG bas	171
285.	Poulet curry coco aux légumes	172
286.	Lentilles mijotées aux légumes	172
287.	Ratatouille de poisson	173
288.	Poêlée de légumes	173
289.	Curry de légumes et pois chiches	174
290.	Poisson vapeur aux légumes	174
291.	Courgettes farcies au quinoa	175
292.	Curry de pois chiches et patates douces	175
293.	Riz complet aux légumes	176
294.	Aubergines rôties à la tomate et au fromage	176
295.	Lentilles corail aux légumes et épices	177
296.	Poêlée de légumes à l'italienne	177
297.	Poulet rôti aux légumes à IG bas	178
298.	Quinoa aux légumes et feta	178
299.	Chili végétarien à IG bas	179
300.	Ratatouille de quinoa à IG bas	179

Introduction

Bienvenue dans **Le Grand Livre du Cookeo**, votre compagnon culinaire ultime pour des repas rapides, délicieux et variés au quotidien ! Que vous soyez un cuisinier passionné ou que vous cherchiez simplement à simplifier vos préparations culinaires, le Cookeo est l'outil parfait pour vous accompagner dans la réalisation de délicieuses recettes en un temps record.

Ce livre a été conçu spécialement pour les amateurs de cuisine qui veulent profiter pleinement des avantages du Cookeo. Avec ses 300 recettes soigneusement sélectionnées, vous aurez une multitude d'options pour préparer des plats savoureux et équilibrés sans passer des heures en cuisine. Que ce soit pour le petit-déjeuner, le déjeuner, le dîner ou même les desserts, vous trouverez une variété de recettes qui satisferont tous les goûts et toutes les occasions.

Le Cookeo est bien plus qu'une simple cocotte-minute. Grâce à ses multiples fonctions et programmes, il vous permet de gagner un temps précieux tout en préservant la saveur et la texture des aliments. Que vous souhaitiez préparer des soupes réconfortantes, des plats mijotés savoureux, des pâtes crémeuses, des desserts gourmands ou encore des plats exotiques venus des quatre coins du monde, le Cookeo saura répondre à toutes vos attentes.

Dans ce livre, vous découvrirez une large gamme de recettes pour tous les goûts et toutes les préférences alimentaires. Des plats de viande tendres et juteux aux délicieux plats de poisson en passant par les créations végétariennes savoureuses, vous trouverez une multitude d'options pour satisfaire les papilles de toute votre famille. Chaque recette est soigneusement expliquée étape par étape, avec des listes d'ingrédients détaillées et des temps de cuisson précis. Vous trouverez également des conseils et des astuces pour tirer le meilleur parti de votre Cookeo et personnaliser les recettes en fonction de vos préférences personnelles.

Que vous soyez débutant ou cuisinier chevronné, Le Grand Livre du Cookeo sera votre compagnon indispensable pour des repas rapides, délicieux et variés au quotidien. Préparez-vous à épater vos proches avec des plats savoureux en un temps record, et profitez de moments conviviaux autour de la table.

Alors, prenez votre Cookeo, ouvrez ce livre et laissez-vous inspirer par les recettes alléchantes qui vous attendent. Bon appétit et bonnes aventures culinaires avec Le Grand Livre du Cookeo !

Recettes pour le petit-déjeuner

Omelette aux légumes

Ingrédients : pour 4 personnes

- 8 œufs
- 1 poivron rouge, coupé en dés
- 1 oignon, émincé
- 100 g de champignons tranchés
- Sel et poivre au goût

Préparation :

Dans la cuve du Cookeo, faites revenir l'oignon, le poivron et les champignons pendant 5 minutes en mode "Dorer".
Battez les œufs dans un bol, assaisonnez de sel et de poivre, puis versez-les dans la cuve du Cookeo.
Fermez le couvercle et faites cuire en mode "Cuisson rapide" pendant 3 minutes.
Servez chaud.

Porridge aux fruits

Ingrédients : pour 4 personnes

- 200 g de flocons d'avoine
- 800 ml de lait
- 2 cuillères à soupe de miel
- 1 pomme, coupée en dés
- 1 banane, coupée en rondelles
- 50 g de baies (framboises, myrtilles, etc.)

Préparation :

Dans la cuve du Cookeo, mélangez les flocons d'avoine, le lait et le miel.
Fermez le couvercle et faites cuire en mode "Cuisson sous pression" pendant 6 minutes.
Laissez la pression s'échapper naturellement pendant 5 minutes, puis ouvrez le couvercle.
Ajoutez les fruits et mélangez délicatement.
Servez chaud.

Pancakes moelleux

Ingrédients : pour 4 personnes

- 250 g de farine
- 2 cuillères à soupe de sucre
- 2 cuillères à café de levure chimique
- 1 pincée de sel
- 2 œufs
- 250 ml de lait
- 2 cuillères à soupe d'huile végétale

Préparation :

Dans un bol, mélangez la farine, le sucre, la levure chimique et le sel.
Ajoutez les œufs, le lait et l'huile végétale, puis mélangez jusqu'à obtenir une pâte lisse.
Dans la cuve du Cookeo, faites chauffer un peu d'huile en mode "Dorer".
Versez une louche de pâte dans la cuve et faites cuire chaque pancake pendant environ 2 minutes de chaque côté.
Répétez l'opération jusqu'à épuisement de la pâte.
Servez les pancakes chauds avec du sirop d'érable, des fruits ou du yaourt.

Muffins aux myrtilles

Ingrédients : pour 4 personnes

- 250 g de farine + 150 g de sucre
- 2 cuillères à café de levure chimique
- 1/2 cuillère à café de sel + 125 ml de lait
- 2 œufs + 100 g de beurre fondu
- 200 g de myrtilles

Préparation :

Dans un bol, mélangez la farine, le sucre, la levure chimique et le sel.
Dans un autre bol, battez les œufs avec le lait et le beurre fondu.
Ajoutez le mélange liquide aux ingrédients secs, puis incorporez délicatement les myrtilles.
Versez la préparation dans des moules à muffins préalablement graissés.
Dans la cuve du Cookeo, versez 250 ml d'eau et placez le panier vapeur.
Disposez les moules à muffins dans le panier vapeur.
Fermez le couvercle et faites cuire en mode "Cuisson vapeur" pendant 20 minutes.
Laissez refroidir légèrement avant de démouler.

Smoothie bowl

Ingrédients : pour 4 personnes

- 2 bananes congelées
- 200 g de yaourt grec
- 100 ml de lait
- 1 cuillère à soupe de miel
- Toppings au choix (fruits frais, noix, graines, granola, etc.)

Préparation :

Dans la cuve du Cookeo, mixez les bananes congelées, le yaourt, le lait et le miel jusqu'à obtenir une consistance lisse et crémeuse.
Versez le smoothie dans des bols.
Ajoutez les toppings de votre choix.
Dégustez immédiatement.

Œufs cocotte au jambon

Ingrédients : pour 4 personnes

- 4 œufs
- 4 tranches de jambon
- 4 cuillères à soupe de crème fraîche
- Sel et poivre au goût

Préparation :

Placez une tranche de jambon dans chaque ramequin.
Cassez un œuf dans chaque ramequin, en prenant soin de ne pas casser le jaune.
Ajoutez une cuillère à soupe de crème fraîche dans chaque ramequin.
Assaisonnez avec du sel et du poivre.
Dans la cuve du Cookeo, versez 250 ml d'eau et placez le panier vapeur.
Disposez les ramequins dans le panier vapeur.
Fermez le couvercle et faites cuire en mode "Cuisson vapeur" pendant 6 minutes.
Servez chaud.

Quiche aux légumes

Ingrédients : pour 4 personnes

- 1 pâte brisée
- 200 g de dés de légumes (poivrons, courgettes, champignons, etc.)
- 150 g de fromage râpé
- 4 œufs
- 200 ml de crème fraîche
- Sel et poivre au goût

Préparation :

Étalez la pâte brisée dans un moule à tarte.
Répartissez les dés de légumes sur la pâte.
Dans un bol, battez les œufs avec la crème fraîche, le fromage râpé, le sel et le poivre.
Versez le mélange d'œufs sur les légumes.
Dans la cuve du Cookeo, versez 250 ml d'eau et placez le panier vapeur.
Placez le moule à tarte dans le panier vapeur.
Fermez le couvercle et faites cuire en mode "Cuisson vapeur" pendant 25 minutes.
Laissez refroidir légèrement avant de servir.

Gaufres croustillantes

Ingrédients : pour 4 personnes

- 250 g de farine + 2 cuillères à soupe de sucre
- 1 cuillère à café de levure chimique
- 1/2 cuillère à café de sel + 2 œufs
- 500 ml de lait + 80 g de beurre fondu

Préparation :

Dans un bol, mélangez la farine, le sucre, la levure chimique et le sel.
Dans un autre bol, battez les œufs avec le lait et le beurre fondu.
Ajoutez le mélange liquide aux ingrédients secs et mélangez jusqu'à obtenir une pâte lisse.
Dans la cuve du Cookeo, faites chauffer l'appareil à gaufres.
Versez une louche de pâte dans l'appareil à gaufres et faites cuire selon les instructions du fabricant.
Répétez l'opération jusqu'à épuisement de la pâte.
Servez les gaufres chaudes avec du sirop d'érable, des fruits ou de la crème fouettée.

Crêpes aux fruits

Ingrédients : pour 4 personnes

- 250 g de farine
- 2 cuillères à soupe de sucre
- 1 pincée de sel
- 2 œufs
- 500 ml de lait
- 1 cuillère à soupe d'huile végétale
- Fruits frais au choix (bananes, fraises, kiwis, etc.)

Préparation :

Dans un bol, mélangez la farine, le sucre et le sel.
Ajoutez les œufs, le lait et l'huile végétale, puis mélangez jusqu'à obtenir une pâte lisse.
Dans la cuve du Cookeo, faites chauffer un peu d'huile en mode "Dorer".
Versez une louche de pâte dans la cuve et faites cuire chaque crêpe pendant environ 2 minutes de chaque côté.
Répétez l'opération jusqu'à épuisement de la pâte.
Servez les crêpes chaudes avec des fruits frais.

French toast

Ingrédients : pour 4 personnes

- 8 tranches de pain de mie
- 4 œufs + 250 ml de lait
- 2 cuillères à soupe de sucre
- 1 cuillère à café d'extrait de vanille
- Beurre pour la cuisson
- Sirop d'érable ou sucre glace pour servir

Préparation :

Dans un bol, battez les œufs avec le lait, le sucre et l'extrait de vanille.
Trempez chaque tranche de pain de mie dans le mélange d'œufs, en veillant à bien les enrober des deux côtés.
Dans la cuve du Cookeo, faites chauffer un peu de beurre en mode "Dorer".
Faites cuire les tranches de pain de mie imbibées dans la cuve du Cookeo pendant environ 2-3 minutes de chaque côté, jusqu'à ce qu'elles soient dorées et croustillantes.
Servez les french toasts chauds avec du sirop d'érable ou saupoudrés de sucre glace.

Pudding au chia et aux fruits

Ingrédients : pour 4 personnes

- 500 ml de lait
- 4 cuillères à soupe de graines de chia
- 2 cuillères à soupe de sirop d'érable ou de miel
- 1 cuillère à café d'extrait de vanille
- Fruits frais au choix (morceaux de mangue, framboises, tranches de kiwi, etc.)
- Noix concassées pour garnir (facultatif)

Préparation :

Dans un bol, mélangez le lait, les graines de chia, le sirop d'érable ou le miel et l'extrait de vanille.
Laissez reposer le mélange au réfrigérateur pendant au moins 4 heures, idéalement toute la nuit, afin que les graines de chia absorbent le liquide et forment un pudding.
Dans la cuve du Cookeo, disposez les fruits frais au fond.
Versez le pudding au chia par-dessus les fruits.
Fermez le couvercle et réfrigérez pendant au moins 1 heure.
Avant de servir, garnissez de noix concassées, si désiré.

Pain perdu à la cannelle

Ingrédients : pour 4 personnes

- 8 tranches de pain rassis
- 2 œufs + 250 ml de lait
- 2 cuillères à soupe de sucre
- 1 cuillère à café de cannelle en poudre
- Beurre pour la cuisson
- Sirop d'érable ou sucre glace pour servir

Préparation :

Dans un bol, battez les œufs avec le lait, le sucre et la cannelle en poudre.
Trempez chaque tranche de pain rassis dans le mélange d'œufs, en veillant à bien les enrober des deux côtés.
Dans la cuve du Cookeo, faites chauffer un peu de beurre en mode "Dorer".
Faites cuire les tranches de pain imbibées dans la cuve du Cookeo pendant environ 2-3 minutes de chaque côté, jusqu'à ce qu'elles soient dorées et croustillantes.
Servez le pain perdu chaud avec du sirop d'érable ou saupoudré de sucre glace.

Muesli maison

Ingrédients : pour 4 personnes

- 200 g de flocons d'avoine
- 100 g de noix mélangées (amandes, noix de cajou, noix de pécan, etc.), concassées
- 100 g de graines mélangées (graines de tournesol, graines de courge, graines de lin, etc.)
- 50 g de fruits secs mélangés (raisins secs, cranberries, abricots secs, etc.)
- 2 cuillères à soupe de miel
- 2 cuillères à soupe d'huile végétale

Préparation :

Dans la cuve du Cookeo, faites chauffer l'huile en mode "Dorer".
Ajoutez les flocons d'avoine, les noix et les graines mélangées, puis faites revenir pendant environ 5 minutes, en remuant régulièrement, jusqu'à ce que le mélange soit doré et croustillant.
Ajoutez les fruits secs et le miel, puis mélangez bien.
Fermez le couvercle et laissez reposer pendant 10 minutes pour que le mélange refroidisse et devienne croustillant.
Conservez le muesli dans un récipient hermétique et servez-le avec du lait ou du yaourt.

Pains au chocolat

Ingrédients : pour 4 personnes

- 2 pâtes feuilletées
- 8 barres de chocolat
- 1 œuf battu (pour la dorure)

Préparation :

Déroulez les pâtes feuilletées et coupez-les en rectangles d'environ 10x15 cm.
Placez une barre de chocolat au bas de chaque rectangle de pâte.
Roulez la pâte sur le chocolat en serrant légèrement.
Badigeonnez les pains au chocolat d'œuf battu pour les dorer.
Dans la cuve du Cookeo, versez 250 ml d'eau et placez le panier vapeur.
Disposez les pains au chocolat dans le panier vapeur.
Fermez le couvercle et faites cuire en mode "Cuisson vapeur" pendant 15 minutes.
Servez les pains au chocolat tièdes.

Bagel complet

Ingrédients : pour 4 personnes

- 4 bagels
- 4 tranches de saumon fumé
- 4 cuillères à soupe de cream cheese
- 1/2 oignon rouge, émincé
- Quelques rondelles de tomate
- Quelques feuilles de laitue
- Sel et poivre au goût

Préparation :

Coupez les bagels en deux.
Dans la cuve du Cookeo, faites chauffer les bagels en mode "Dorer" pendant quelques minutes, jusqu'à ce qu'ils soient légèrement grillés.
Tartinez chaque moitié de bagel de cream cheese.
Placez une tranche de saumon fumé sur la moitié inférieure de chaque bagel.
Ajoutez des rondelles d'oignon, des rondelles de tomate et des feuilles de laitue.
Assaisonnez avec du sel et du poivre.
Refermez les bagels avec la moitié supérieure.
Servez les bagels complets comme petit-déjeuner salé.

Smoothie énergisant

Ingrédients : pour 4 personnes

- 2 bananes
- 200 g de fraises
- 1 mangue
- 250 ml de jus d'orange
- 1 cuillère à soupe de miel (facultatif)

Préparation :

Épluchez les bananes et la mangue, puis coupez-les en morceaux.
Dans la cuve du Cookeo, placez les morceaux de banane, de mangue et de fraises.
Ajoutez le jus d'orange et le miel.
Fermez le couvercle et mixez le tout en mode "Mixage" jusqu'à obtenir une consistance lisse.
Servez le smoothie énergisant bien frais.

Crème de blé au lait

Ingrédients : pour 4 personnes

- 100 g de crème de blé (semoule fine de blé)
- 500 ml de lait
- 2 cuillères à soupe de sucre
- 1 cuillère à café d'extrait de vanille
- Fruits frais pour garnir (fraises, bananes, etc.)

Préparation :

Dans la cuve du Cookeo, mélangez la crème de blé, le lait, le sucre et l'extrait de vanille.
Fermez le couvercle et faites cuire en mode "Cuisson sous pression" pendant 3 minutes.
Laissez la pression s'échapper naturellement pendant 5 minutes, puis ouvrez le couvercle.
Remuez la crème de blé pour la rendre lisse et crémeuse.
Versez la crème de blé dans des bols et garnissez de fruits frais.

Quinoa au lait

Ingrédients : pour 4 personnes

- 200 g de quinoa
- 500 ml de lait
- 2 cuillères à soupe de sucre
- 1 cuillère à café d'extrait de vanille
- Fruits frais pour garnir (myrtilles, framboises, etc.)

Préparation :

Dans la cuve du Cookeo, mélangez le quinoa, le lait, le sucre et l'extrait de vanille.
Fermez le couvercle et faites cuire en mode "Cuisson sous pression" pendant 1 minute.
Laissez la pression s'échapper naturellement pendant 5 minutes, puis ouvrez le couvercle.
Remuez le quinoa pour le rendre crémeux.
Versez le quinoa au lait dans des bols et garnissez de fruits frais.

Barres de céréales maison

Ingrédients : pour 4 personnes
- 200 g de flocons d'avoine
- 100 g de fruits secs mélangés (raisins secs, cranberries, abricots secs, etc.)
- 50 g de noix concassées (amandes, noix de cajou, noisettes, etc.)
- 100 g de miel
- 100 g de beurre
- 1 cuillère à café d'extrait de vanille

Préparation :
Dans un bol, mélangez les flocons d'avoine, les fruits secs et les noix concassées.
Dans une casserole, faites fondre le miel et le beurre à feu doux.
Ajoutez l'extrait de vanille au mélange de miel et de beurre.
Versez le mélange liquide sur les ingrédients secs et mélangez bien pour obtenir une consistance homogène.
Étalez la préparation dans un moule rectangulaire préalablement chemisé de papier cuisson.
Dans la cuve du Cookeo, versez 250 ml d'eau et placez le panier vapeur.
Placez le moule dans le panier vapeur.
Fermez le couvercle et faites cuire en mode "Cuisson vapeur" pendant 20 minutes.
Laissez refroidir avant de découper en barres.

Smoothie au yaourt et aux baies

Ingrédients : pour 4 personnes
- 200 g de yaourt grec
- 200 g de baies mélangées (framboises, myrtilles, fraises, etc.)
- 1 banane
- 1 cuillère à soupe de miel (facultatif)

Préparation :
Dans la cuve du Cookeo, placez le yaourt grec, les baies, la banane et le miel.
Fermez le couvercle et mixez le tout en mode "Mixage" jusqu'à obtenir une consistance lisse.
Servez le smoothie au yaourt et aux baies bien frais.

Soupes et potages

Soupe à l'oignon

Ingrédients : pour 4 personnes

- 4 oignons, émincés
- 2 cuillères à soupe de beurre
- 1 litre de bouillon de légumes
- 4 tranches de pain de campagne
- 100 g de fromage râpé

Préparation :

Dans la cuve du Cookeo, faites fondre le beurre en mode "Dorer" et faites revenir les oignons jusqu'à ce qu'ils soient bien dorés.
Ajoutez le bouillon de légumes et fermez le couvercle.
Faites cuire en mode "Cuisson sous pression" pendant 10 minutes.
Pendant ce temps, faites griller les tranches de pain et saupoudrez-les de fromage râpé.
Servez la soupe bien chaude avec les tranches de pain gratinées.

Velouté de courge

Ingrédients : pour 4 personnes

- 1 courge butternut, pelée et coupée en dés
- 1 oignon, émincé
- 2 gousses d'ail, émincées
- 500 ml de bouillon de légumes
- 200 ml de crème fraîche
- Sel et poivre au goût

Préparation :

Dans la cuve du Cookeo, faites revenir l'oignon et l'ail en mode "Dorer" jusqu'à ce qu'ils soient translucides.
Ajoutez les dés de courge et le bouillon de légumes.
Fermez le couvercle et faites cuire en mode "Cuisson sous pression" pendant 8 minutes.
Réduisez la soupe en purée à l'aide d'un mixeur plongeant.
Ajoutez la crème fraîche, le sel et le poivre, puis mélangez bien.
Servez le velouté bien chaud.

Minestrone

Ingrédients : pour 4 personnes
- 1 oignon, émincé + 2 carottes, coupées en dés
- 2 branches de céleri, coupées en dés
- 1 courgette, coupée en dés + 1 boîte de tomates concassées
- 200 g de haricots rouges en conserve, rincés et égouttés
- 100 g de pâtes courtes (macaroni, coquillettes, etc.)
- 1 litre de bouillon de légumes + 1 cuillère à soupe d'huile d'olive
- Sel, poivre, et herbes de Provence au goût

Préparation :
Dans la cuve du Cookeo, faites revenir l'oignon, les carottes, le céleri et la courgette dans l'huile d'olive en mode "Dorer".
Ajoutez les tomates concassées, les haricots rouges, les pâtes et le bouillon de légumes.
Fermez le couvercle et faites cuire en mode "Cuisson sous pression" pendant 5 minutes.
Ajoutez le sel, le poivre et les herbes de Provence selon votre goût.
Servez le minestrone bien chaud.

Soupe thaïe au poulet

Ingrédients : pour 4 personnes
- 2 filets de poulet, coupés en dés
- 1 oignon, émincé + 2 gousses d'ail, émincées
- 1 poivron rouge, coupé en lanières
- 400 ml de lait de coco + 500 ml de bouillon de poulet
- 2 cuillères à soupe de pâte de curry rouge
- 1 cuillère à soupe de sauce soja
- 1 cuillère à soupe de jus de citron vert
- Coriandre fraîche pour garnir

Préparation :
Dans la cuve du Cookeo, faites revenir l'oignon, l'ail et le poulet en mode "Dorer" jusqu'à ce que le poulet soit doré.
Ajoutez le poivron rouge, le lait de coco, le bouillon de poulet, la pâte de curry rouge, la sauce soja et le jus de citron vert.
Fermez le couvercle et faites cuire en mode "Cuisson sous pression" pendant 8 minutes.
Servez la soupe thaïe au poulet bien chaude, garnie de coriandre fraîche.

Soupe de légumes

Ingrédients : pour 4 personnes

- 2 carottes, coupées en rondelles
- 2 pommes de terre, coupées en dés
- 1 poireau, émincé
- 1 courgette, coupée en dés
- 1 tomate, coupée en dés
- 1 litre de bouillon de légumes
- Sel, poivre et herbes de Provence au goût

Préparation :

Dans la cuve du Cookeo, mettez tous les légumes et le bouillon de légumes.
Fermez le couvercle et faites cuire en mode "Cuisson sous pression" pendant 10 minutes.
Réduisez la soupe en purée à l'aide d'un mixeur plongeant.
Assaisonnez avec le sel, le poivre et les herbes de Provence selon votre goût.
Servez la soupe de légumes bien chaude.

Soupe de tomates et basilic

Ingrédients : pour 4 personnes

- 1 kg de tomates, coupées en quartiers
- 1 oignon, émincé
- 2 gousses d'ail, émincées
- 1 bouquet de basilic frais
- 500 ml de bouillon de légumes
- Sel et poivre au goût

Préparation :

Dans la cuve du Cookeo, faites revenir l'oignon et l'ail en mode "Dorer" jusqu'à ce qu'ils soient translucides.
Ajoutez les quartiers de tomates, le bouquet de basilic et le bouillon de légumes.
Fermez le couvercle et faites cuire en mode "Cuisson sous pression" pendant 8 minutes.
Retirez le bouquet de basilic et réduisez la soupe en purée à l'aide d'un mixeur plongeant.
Assaisonnez avec le sel et le poivre selon votre goût.
Servez la soupe de tomates et basilic bien chaude.

Soupe de lentilles corail

Ingrédients : pour 4 personnes
- 250 g de lentilles corail + 1 oignon, émincé
- 2 gousses d'ail, émincées + 1 carotte, coupée en dés
- 1 pomme de terre, coupée en dés + 1 litre de bouillon de légumes
- 1 cuillère à soupe de cumin moulu + Sel et poivre au goût

Préparation :
Dans la cuve du Cookeo, faites revenir l'oignon et l'ail en mode "Dorer" jusqu'à ce qu'ils soient translucides.
Ajoutez les lentilles corail, la carotte, la pomme de terre, le bouillon de légumes et le cumin moulu.
Fermez le couvercle et faites cuire en mode "Cuisson sous pression" pendant 8 minutes.
Réduisez la soupe en purée à l'aide d'un mixeur plongeant.
Assaisonnez avec le sel et le poivre selon votre goût.
Servez la soupe de lentilles corail bien chaude.

Soupe de poisson

Ingrédients : pour 4 personnes
- 500 g de filets de poisson blanc (cabillaud, colin, etc.)
- 1 oignon, émincé + 2 gousses d'ail, émincées
- 2 carottes, coupées en rondelles
- 1 poireau, émincé + 1 branche de céleri, coupée en dés
- 1 boîte de tomates concassées + 1 litre de bouillon de poisson
- Sel, poivre et herbes de Provence au goût + Persil frais pour garnir

Préparation :
Dans la cuve du Cookeo, faites revenir l'oignon et l'ail en mode "Dorer" jusqu'à ce qu'ils soient translucides.
Ajoutez les carottes, le poireau, le céleri, les tomates concassées, le bouillon de poisson et les filets de poisson coupés en morceaux.
Fermez le couvercle et faites cuire en mode "Cuisson sous pression" pendant 8 minutes.
Réduisez la soupe en purée à l'aide d'un mixeur plongeant.
Assaisonnez avec le sel, le poivre et les herbes de Provence selon votre goût.
Servez la soupe de poisson bien chaude, garnie de persil frais.

Soupe aux champignons

Ingrédients : pour 4 personnes

- 500 g de champignons, coupés en tranches
- 1 oignon, émincé
- 2 gousses d'ail, émincées
- 500 ml de bouillon de légumes
- 200 ml de crème fraîche
- Sel et poivre au goût
- Persil frais pour garnir

Préparation :

Dans la cuve du Cookeo, faites revenir l'oignon et l'ail en mode "Dorer" jusqu'à ce qu'ils soient translucides.
Ajoutez les champignons et faites-les revenir jusqu'à ce qu'ils soient légèrement dorés.
Ajoutez le bouillon de légumes et fermez le couvercle.
Faites cuire en mode "Cuisson sous pression" pendant 5 minutes.
Réduisez la soupe en purée à l'aide d'un mixeur plongeant.
Ajoutez la crème fraîche, le sel et le poivre, puis mélangez bien.
Servez la soupe aux champignons bien chaude, garnie de persil frais.

Soupe de pois cassés

Ingrédients : pour 4 personnes

- 250 g de pois cassés + 1 oignon, émincé
- 2 gousses d'ail, émincées + 2 carottes, coupées en rondelles
- 1 branche de céleri, coupée en dés + 1 litre de bouillon de légumes
- Sel, poivre et thym au goût

Préparation :

Dans la cuve du Cookeo, faites revenir l'oignon et l'ail en mode "Dorer" jusqu'à ce qu'ils soient translucides.
Ajoutez les pois cassés, les carottes, le céleri et le bouillon de légumes.
Fermez le couvercle et faites cuire en mode "Cuisson sous pression" pendant 15 minutes.
Réduisez la soupe en purée à l'aide d'un mixeur plongeant.
Assaisonnez avec le sel, le poivre et le thym selon votre goût.
Servez la soupe de pois cassés bien chaude.

Soupe de chou-fleur

Ingrédients : pour 4 personnes
- 1 chou-fleur, coupé en fleurettes
- 1 oignon, émincé + 2 gousses d'ail, émincées
- 500 ml de bouillon de légumes
- 200 ml de crème fraîche + Sel et poivre au goût
- Ciboulette fraîche pour garnir

Préparation :
Dans la cuve du Cookeo, faites revenir l'oignon et l'ail en mode "Dorer" jusqu'à ce qu'ils soient translucides.
Ajoutez les fleurettes de chou-fleur et faites-les revenir quelques minutes.
Ajoutez le bouillon de légumes et fermez le couvercle.
Faites cuire en mode "Cuisson sous pression" pendant 8 minutes.
Réduisez la soupe en purée à l'aide d'un mixeur plongeant.
Ajoutez la crème fraîche, le sel et le poivre, puis mélangez bien.
Servez la soupe de chou-fleur bien chaude, garnie de ciboulette fraîche.

Soupe de haricots blancs et chorizo

Ingrédients : pour 4 personnes
- 250 g de haricots blancs, trempés pendant la nuit et égouttés
- 1 oignon, émincé + 2 gousses d'ail, émincées
- 100 g de chorizo, coupé en dés + 1 boîte de tomates concassées
- 1 litre de bouillon de légumes + Sel et poivre au goût
- Persil frais pour garnir

Préparation :
Dans la cuve du Cookeo, faites revenir l'oignon, l'ail et le chorizo en mode "Dorer" jusqu'à ce que le chorizo soit légèrement grillé.
Ajoutez les haricots blancs, les tomates concassées et le bouillon de légumes.
Fermez le couvercle et faites cuire en mode "Cuisson sous pression" pendant 20 minutes.
Réduisez la soupe en purée à l'aide d'un mixeur plongeant.
Assaisonnez avec le sel et le poivre selon votre goût.
Servez la soupe de haricots blancs et chorizo bien chaude, garnie de persil frais.

Soupe de lentilles vertes

Ingrédients : pour 4 personnes
- 250 g de lentilles vertes
- 1 oignon, émincé + 2 gousses d'ail, émincées
- 2 carottes, coupées en rondelles
- 1 branche de céleri, coupée en dés
- 1 litre de bouillon de légumes
- Sel, poivre et thym au goût + Persil frais pour garnir

Préparation :
Dans la cuve du Cookeo, faites revenir l'oignon et l'ail en mode "Dorer" jusqu'à ce qu'ils soient translucides.
Ajoutez les lentilles vertes, les carottes, le céleri et le bouillon de légumes.
Fermez le couvercle et faites cuire en mode "Cuisson sous pression" pendant 15 minutes.
Réduisez la soupe en purée à l'aide d'un mixeur plongeant.
Assaisonnez avec le sel, le poivre et le thym selon votre goût.
Servez la soupe de lentilles vertes bien chaude, garnie de persil frais.

Soupe de poulet et nouilles

Ingrédients : pour 4 personnes
- 2 filets de poulet, coupés en dés
- 1 oignon, émincé + 2 gousses d'ail, émincées
- 2 carottes, coupées en rondelles + 1 branche de céleri, coupée en dés
- 100 g de nouilles aux œufs + 1 litre de bouillon de poulet
- Sel, poivre et persil frais au goût

Préparation :
Dans la cuve du Cookeo, faites revenir l'oignon, l'ail et le poulet en mode "Dorer" jusqu'à ce que le poulet soit doré.
Ajoutez les carottes, le céleri, les nouilles aux œufs et le bouillon de poulet.
Fermez le couvercle et faites cuire en mode "Cuisson sous pression" pendant 5 minutes.
Assaisonnez avec le sel, le poivre et le persil frais selon votre goût.
Servez la soupe de poulet et nouilles bien chaude.

Soupe à la tomate et aux légumes

Ingrédients : pour 4 personnes
- 1 boîte de tomates concassées
- 1 oignon, émincé + 2 carottes, coupées en rondelles
- 1 courgette, coupée en dés + 1 poivron rouge, coupé en dés
- 1 litre de bouillon de légumes + Sel, poivre et herbes de Provence au goût
- Basilic frais pour garnir

Préparation :
Dans la cuve du Cookeo, faites revenir l'oignon en mode "Dorer" jusqu'à ce qu'il soit translucide.
Ajoutez les tomates concassées, les carottes, la courgette, le poivron rouge et le bouillon de légumes.
Fermez le couvercle et faites cuire en mode "Cuisson sous pression" pendant 8 minutes.
Réduisez la soupe en purée à l'aide d'un mixeur plongeant.
Assaisonnez avec le sel, le poivre et les herbes de Provence selon votre goût.
Servez la soupe à la tomate et aux légumes bien chaude, garnie de basilic frais.

Soupe de brocoli et cheddar

Ingrédients : pour 4 personnes
- 1 tête de brocoli, coupée en petits bouquets
- 1 oignon, émincé + 2 gousses d'ail, émincées
- 500 ml de bouillon de légumes + 200 g de cheddar râpé
- 100 ml de crème fraîche + Sel et poivre au goût
- Ciboulette fraîche pour garnir

Préparation :
Dans la cuve du Cookeo, faites revenir l'oignon et l'ail en mode "Dorer" jusqu'à ce qu'ils soient translucides.
Ajoutez les bouquets de brocoli et faites-les revenir quelques minutes.
Ajoutez le bouillon de légumes et fermez le couvercle.
Faites cuire en mode "Cuisson sous pression" pendant 5 minutes.
Réduisez la soupe en purée à l'aide d'un mixeur plongeant.
Ajoutez le cheddar râpé, la crème fraîche, le sel et le poivre, puis mélangez bien.
Servez la soupe de brocoli et cheddar bien chaude, garnie de ciboulette fraîche.

Velouté de poireaux

Ingrédients : pour 4 personnes

- 4 poireaux, coupés en rondelles
- 1 oignon, émincé + 2 pommes de terre, coupées en dés
- 500 ml de bouillon de légumes
- 200 ml de crème fraîche + Sel et poivre au goût
- Persil frais pour garnir

Préparation :

Dans la cuve du Cookeo, faites revenir l'oignon et les poireaux en mode "Dorer" jusqu'à ce qu'ils soient tendres.
Ajoutez les dés de pommes de terre et faites-les revenir quelques minutes.
Ajoutez le bouillon de légumes et fermez le couvercle.
Faites cuire en mode "Cuisson sous pression" pendant 8 minutes.
Réduisez la soupe en purée à l'aide d'un mixeur plongeant.
Ajoutez la crème fraîche, le sel et le poivre, puis mélangez bien.
Servez le velouté de poireaux bien chaud, garni de persil frais.

Soupe de maïs

Ingrédients : pour 4 personnes

- 4 épis de maïs, grains retirés + 1 oignon, émincé
- 2 gousses d'ail, émincées + 500 ml de bouillon de légumes
- 200 ml de lait + 2 cuillères à soupe de beurre
- Sel et poivre au goût + Ciboulette fraîche pour garnir

Préparation :

Dans la cuve du Cookeo, faites revenir l'oignon et l'ail en mode "Dorer" jusqu'à ce qu'ils soient translucides.
Ajoutez les grains de maïs et faites-les revenir quelques minutes.
Ajoutez le bouillon de légumes et fermez le couvercle.
Faites cuire en mode "Cuisson sous pression" pendant 5 minutes.
Réduisez la soupe en purée à l'aide d'un mixeur plongeant.
Ajoutez le lait, le beurre, le sel et le poivre, puis mélangez bien.
Servez la soupe de maïs bien chaude, garnie de ciboulette fraîche.

Soupe à la patate douce et au gingembre

Ingrédients : pour 4 personnes
- 2 patates douces, coupées en dés
- 1 oignon, émincé + 2 gousses d'ail, émincées
- 1 cuillère à soupe de gingembre frais râpé
- 500 ml de bouillon de légumes
- 200 ml de lait de coco + Sel et poivre au goût
- Coriandre fraîche pour garnir

Préparation :
Dans la cuve du Cookeo, faites revenir l'oignon, l'ail et le gingembre en mode "Dorer" jusqu'à ce qu'ils soient tendres.
Ajoutez les dés de patate douce et faites-les revenir quelques minutes.
Ajoutez le bouillon de légumes et fermez le couvercle.
Faites cuire en mode "Cuisson sous pression" pendant 8 minutes.
Réduisez la soupe en purée à l'aide d'un mixeur plongeant.
Ajoutez le lait de coco, le sel et le poivre, puis mélangez bien.
Servez la soupe à la patate douce et au gingembre bien chaude, garnie de coriandre fraîche.

Soupe de légumes verts

Ingrédients : pour 4 personnes
- 2 courgettes, coupées en dés + 1 poireau, émincé
- 1 brocoli, coupé en petits bouquets + 1 litre de bouillon de légumes
- 200 ml de crème fraîche + Sel et poivre au goût + Persil frais pour garnir

Préparation :
Dans la cuve du Cookeo, faites revenir le poireau en mode "Dorer" jusqu'à ce qu'il soit tendre.
Ajoutez les courgettes, le brocoli et le bouillon de légumes.
Fermez le couvercle et faites cuire en mode "Cuisson sous pression" pendant 8 minutes.
Réduisez la soupe en purée à l'aide d'un mixeur plongeant.
Ajoutez la crème fraîche, le sel et le poivre, puis mélangez bien.
Servez la soupe de légumes verts bien chaude, garnie de persil frais.

Plats de viande

Poulet tikka masala

Ingrédients : pour 4 personnes
- 500 g de poulet, coupé en morceaux
- 1 oignon, émincé + 2 gousses d'ail, émincées
- 1 cuillère à soupe de gingembre frais râpé
- 2 cuillères à soupe de pâte de curry tikka masala
- 400 ml de lait de coco + 200 ml de coulis de tomates
- Sel et poivre au goût + Coriandre fraîche pour garnir

Préparation :
Dans la cuve du Cookeo, faites revenir l'oignon, l'ail et le gingembre en mode "Dorer" jusqu'à ce qu'ils soient tendres.
Ajoutez les morceaux de poulet et faites-les dorer de tous les côtés.
Ajoutez la pâte de curry tikka masala, le lait de coco, le coulis de tomates, le sel et le poivre.
Fermez le couvercle et faites cuire en mode "Cuisson sous pression" pendant 10 minutes.
Servez le poulet tikka masala bien chaud, garni de coriandre fraîche.

Bœuf bourguignon

Ingrédients : pour 4 personnes
- 800 g de bœuf à bourguignon, coupé en morceaux
- 200 g de lardons + 2 oignons, émincés + 2 carottes, coupées en rondelles
- 250 g de champignons de Paris, coupés en quartiers
- 500 ml de vin rouge + 500 ml de bouillon de bœuf
- 2 cuillères à soupe de farine + 2 cuillères à soupe d'huile d'olive
- Sel, poivre, thym et laurier au goût

Préparation :
Dans la cuve du Cookeo, faites revenir les lardons en mode "Dorer" jusqu'à ce qu'ils soient dorés.
Ajoutez les morceaux de bœuf et faites-les dorer de tous les côtés.
Ajoutez les oignons, les carottes, les champignons, la farine, le sel, le poivre, le thym et le laurier.
Mélangez bien, puis ajoutez le vin rouge et le bouillon de bœuf.
Fermez le couvercle et faites cuire en mode "Cuisson sous pression" pendant 40 minutes.
Servez le bœuf bourguignon bien chaud, accompagné de pommes de terre ou de pâtes.

Rôti de porc aux pommes

Ingrédients : pour 4 personnes

- 1 rôti de porc d'environ 1 kg + 2 pommes, coupées en quartiers
- 2 oignons, émincés + 2 gousses d'ail, émincées
- 250 ml de bouillon de volaille + 2 cuillères à soupe de moutarde
- 1 cuillère à soupe de miel + Sel, poivre, thym et romarin au goût
- Huile d'olive

Préparation :

Dans la cuve du Cookeo, faites revenir les oignons et l'ail en mode "Dorer" jusqu'à ce qu'ils soient translucides.
Ajoutez le rôti de porc et faites-le dorer de tous les côtés.
Badigeonnez le rôti de moutarde et de miel.
Ajoutez les quartiers de pommes, le bouillon de volaille, le sel, le poivre, le thym et le romarin.
Fermez le couvercle et faites cuire en mode "Cuisson sous pression" pendant 40 minutes.
Laissez reposer quelques minutes avant de trancher le rôti.
Servez le rôti de porc aux pommes avec la sauce de cuisson.

Gigot d'agneau aux légumes

Ingrédients : pour 4 personnes

- 1 gigot d'agneau d'environ 1,5 kg + 2 carottes, coupées en rondelles
- 2 pommes de terre, coupées en dés + 1 oignon, émincé
- 4 gousses d'ail, émincées + 250 ml de bouillon de légumes
- 2 cuillères à soupe d'huile d'olive + Sel, poivre, romarin et thym au goût

Préparation :

Dans la cuve du Cookeo, faites revenir l'oignon et l'ail en mode "Dorer" jusqu'à ce qu'ils soient translucides.
Ajoutez le gigot d'agneau et faites-le dorer de tous les côtés.
Ajoutez les carottes, les pommes de terre, le bouillon de légumes, le sel, le poivre, le romarin et le thym.
Fermez le couvercle et faites cuire en mode "Cuisson sous pression" pendant 40 minutes.
Laissez reposer quelques minutes avant de découper le gigot.
Servez le gigot d'agneau aux légumes avec la sauce de cuisson.

Poulet rôti aux herbes

Ingrédients : pour 4 personnes

- 1 poulet entier d'environ 1,5 kg
- 4 gousses d'ail, émincées
- 2 branches de romarin
- 2 branches de thym
- 2 cuillères à soupe d'huile d'olive
- Sel et poivre au goût

Préparation :

Préchauffez le Cookeo en mode "Dorer".
Assaisonnez le poulet avec l'ail, le romarin, le thym, le sel, le poivre et l'huile d'olive.
Placez le poulet dans la cuve du Cookeo et faites-le dorer de tous les côtés.
Fermez le couvercle et faites cuire en mode "Cuisson sous pression" pendant 25 minutes.
Laissez reposer quelques minutes avant de découper le poulet.
Servez le poulet rôti aux herbes avec des légumes rôtis ou une salade.

Côtes de porc à la moutarde

Ingrédients : pour 4 personnes

- 4 côtes de porc
- 2 cuillères à soupe de moutarde
- 2 cuillères à soupe de miel
- 2 gousses d'ail, émincées
- Sel et poivre au goût
- Huile d'olive

Préparation :

Préchauffez le Cookeo en mode "Dorer".
Badigeonnez les côtes de porc de moutarde et de miel.
Ajoutez l'ail, le sel, le poivre et un filet d'huile d'olive dans la cuve du Cookeo.
Faites dorer les côtes de porc de chaque côté.
Fermez le couvercle et faites cuire en mode "Cuisson sous pression" pendant 10 minutes.
Laissez reposer quelques minutes avant de servir les côtes de porc à la moutarde.

Osso buco de veau

Ingrédients : pour 4 personnes

- 4 tranches d'osso buco de veau
- 2 carottes, coupées en rondelles
- 1 oignon, émincé + 2 gousses d'ail, émincées
- 400 g de tomates concassées
- 250 ml de bouillon de veau + 250 ml de vin blanc
- 2 cuillères à soupe d'huile d'olive
- Sel, poivre et persil frais pour garnir

Préparation :

Préchauffez le Cookeo en mode "Dorer".
Faites dorer les tranches d'osso buco de veau dans l'huile d'olive.
Ajoutez l'oignon, l'ail, les carottes, les tomates concassées, le bouillon de veau, le vin blanc, le sel et le poivre.
Fermez le couvercle et faites cuire en mode "Cuisson sous pression" pendant 30 minutes.
Laissez reposer quelques minutes avant de servir l'osso buco de veau, garni de persil frais.

Sauté de porc aux poivrons

Ingrédients : pour 4 personnes

- 500 g de sauté de porc, coupé en morceaux
- 2 poivrons, coupés en lanières + 1 oignon, émincé
- 2 gousses d'ail, émincées + 1 boîte de tomates concassées
- 250 ml de bouillon de porc + 2 cuillères à soupe d'huile d'olive
- Sel, poivre et paprika au goût + Persil frais pour garnir

Préparation :

Préchauffez le Cookeo en mode "Dorer".
Faites dorer les morceaux de sauté de porc dans l'huile d'olive.
Ajoutez l'oignon, l'ail, les poivrons, les tomates concassées, le bouillon de porc, le sel, le poivre et le paprika.
Fermez le couvercle et faites cuire en mode "Cuisson sous pression" pendant 15 minutes.
Laissez reposer quelques minutes avant de servir le sauté de porc aux poivrons, garni de persil frais.

Carbonade flamande

Ingrédients : pour 4 personnes
- 800 g de bœuf à braiser, coupé en morceaux
- 2 oignons, émincés + 2 cuillères à soupe de farine
- 500 ml de bière brune + 2 cuillères à soupe de vinaigre de cidre
- 2 cuillères à soupe de moutarde + 2 cuillères à soupe de cassonade
- 2 tranches de pain d'épices + 2 brins de thym
- 2 feuilles de laurier + Sel et poivre au goût
- Beurre ou huile pour la cuisson

Préparation :
Préchauffez le Cookeo en mode "Dorer".
Faites revenir les morceaux de bœuf et les oignons dans le beurre ou l'huile jusqu'à ce qu'ils soient dorés.
Ajoutez la farine et mélangez bien.
Ajoutez la bière brune, le vinaigre de cidre, la moutarde, la cassonade, le pain d'épices émietté, le thym, le laurier, le sel et le poivre.
Fermez le couvercle et faites cuire en mode "Cuisson sous pression" pendant 40 minutes.
Servez la carbonade flamande avec des frites ou des pommes de terre.

Poulet au curry

Ingrédients : pour 4 personnes
- 4 filets de poulet, coupés en morceaux + 1 oignon, émincé
- 2 gousses d'ail, émincées + 1 poivron rouge, coupé en lanières
- 400 ml de lait de coco + 2 cuillères à soupe de pâte de curry
- 2 cuillères à soupe de sauce soja + Sel et poivre au goût
- Coriandre fraîche pour garnir

Préparation :
Préchauffez le Cookeo en mode "Dorer".
Faites dorer les morceaux de poulet dans un peu d'huile.
Ajoutez l'oignon, l'ail et le poivron, et faites revenir quelques minutes.
Ajoutez le lait de coco, la pâte de curry, la sauce soja, le sel et le poivre.
Fermez le couvercle et faites cuire en mode "Cuisson sous pression" pendant 10 minutes.
Laissez reposer quelques minutes avant de servir le poulet au curry, garni de coriandre fraîche.

Sauté de veau à la crème et aux champignons

Ingrédients : pour 4 personnes
- 500 g de sauté de veau, coupé en morceaux
- 250 g de champignons de Paris, coupés en quartiers
- 1 oignon, émincé + 2 gousses d'ail, émincées
- 200 ml de crème fraîche + 200 ml de bouillon de volaille
- 2 cuillères à soupe de farine + 2 cuillères à soupe de moutarde
- Sel, poivre et persil frais pour garnir + Beurre ou huile pour la cuisson

Préparation :
Préchauffez le Cookeo en mode "Dorer".
Faites revenir les morceaux de veau dans le beurre ou l'huile jusqu'à ce qu'ils soient dorés. Ajoutez l'oignon et l'ail, et faites revenir quelques minutes.
Saupoudrez de farine et mélangez bien.
Ajoutez les champignons, la crème fraîche, le bouillon de volaille, la moutarde, le sel et le poivre. Fermez le couvercle et faites cuire en mode "Cuisson sous pression" pendant 20 minutes. Servez le sauté de veau à la crème et aux champignons, garni de persil frais.

Chili con carne

Ingrédients : pour 4 personnes
- 500 g de bœuf haché + 1 oignon, émincé + 2 gousses d'ail, émincées
- 1 poivron rouge, coupé en dés + 400 g de haricots rouges, égouttés et rincés
- 400 g de tomates concassées + 250 ml de bouillon de bœuf
- 2 cuillères à soupe de poudre de chili + 1 cuillère à soupe de cumin moulu
- Sel et poivre au goût + Coriandre fraîche pour garnir + Huile d'olive

Préparation :
Préchauffez le Cookeo en mode "Dorer".
Faites revenir l'oignon, l'ail et le poivron dans l'huile d'olive jusqu'à ce qu'ils soient tendres.
Ajoutez le bœuf haché et faites-le dorer.
Ajoutez les haricots rouges, les tomates concassées, le bouillon de bœuf, la poudre de chili, le cumin, le sel et le poivre.
Fermez le couvercle et faites cuire en mode "Cuisson sous pression" pendant 10 minutes.
Laissez reposer quelques minutes avant de servir le chili con carne, garni de coriandre fraîche.

Filet mignon de porc à la moutarde et aux champignons

Ingrédients : pour 4 personnes
- 1 filet mignon de porc d'environ 500 g
- 250 g de champignons de Paris, coupés en quartiers
- 1 oignon, émincé + 2 gousses d'ail, émincées
- 200 ml de crème fraîche + 200 ml de bouillon de volaille
- 2 cuillères à soupe de moutarde + Sel, poivre et persil frais pour garnir
- Beurre ou huile pour la cuisson

Préparation :
Préchauffez le Cookeo en mode "Dorer".
Faites dorer le filet mignon de porc dans le beurre ou l'huile jusqu'à ce qu'il soit doré de tous les côtés. Ajoutez l'oignon et l'ail, et faites revenir quelques minutes.
Ajoutez les champignons, la crème fraîche, le bouillon de volaille, la moutarde, le sel et le poivre. Fermez le couvercle et faites cuire en mode "Cuisson sous pression" pendant 20 minutes. Laissez reposer quelques minutes avant de servir le filet mignon de porc à la moutarde et aux champignons, garni de persil frais.

Poulet au paprika

Ingrédients : pour 4 personnes
- 4 filets de poulet + 1 oignon, émincé + 2 gousses d'ail, émincées
- 2 cuillères à soupe de paprika + 200 ml de bouillon de volaille
- 200 ml de crème fraîche + Sel, poivre et persil frais pour garnir
- Beurre ou huile pour la cuisson

Préparation :
Préchauffez le Cookeo en mode "Dorer".
Faites dorer les filets de poulet dans le beurre ou l'huile jusqu'à ce qu'ils soient dorés. Ajoutez l'oignon et l'ail, et faites revenir quelques minutes.
Saupoudrez de paprika et mélangez bien. Ajoutez le bouillon de volaille, la crème fraîche, le sel et le poivre. Fermez le couvercle et faites cuire en mode "Cuisson sous pression" pendant 10 minutes.
Laissez reposer quelques minutes avant de servir le poulet au paprika, garni de persil frais.

Ragoût de bœuf aux légumes

Ingrédients : pour 4 personnes

- 500 g de bœuf à ragoût, coupé en morceaux
- 2 carottes, coupées en rondelles + 2 pommes de terre, coupées en dés
- 1 oignon, émincé + 2 gousses d'ail, émincées
- 250 ml de bouillon de bœuf + 2 cuillères à soupe de farine
- 2 cuillères à soupe de concentré de tomates
- Sel, poivre et thym au goût + Persil frais pour garnir + Huile d'olive

Préparation :

Préchauffez le Cookeo en mode "Dorer".
Faites revenir l'oignon et l'ail dans l'huile d'olive jusqu'à ce qu'ils soient translucides.
Ajoutez les morceaux de bœuf et faites-les dorer de tous les côtés.
Ajoutez la farine et mélangez bien.
Ajoutez les carottes, les pommes de terre, le bouillon de bœuf, le concentré de tomates, le sel, le poivre et le thym. Fermez le couvercle et faites cuire en mode "Cuisson sous pression" pendant 40 minutes. Servez le ragoût de bœuf aux légumes, garni de persil frais.

Porc au caramel

Ingrédients : pour 4 personnes

- 500 g de filet de porc, coupé en morceaux + 2 oignons, émincés
- 2 gousses d'ail, émincées + 2 cuillères à soupe de sauce soja
- 2 cuillères à soupe de vinaigre de riz + 2 cuillères à soupe de sucre
- 1 cuillère à soupe d'huile de sésame + 1 cuillère à soupe de fécule de maïs
- Sel et poivre au goût + Ciboulette pour garnir + Huile d'olive

Préparation :

Préchauffez le Cookeo en mode "Dorer".
Faites dorer les morceaux de filet de porc dans l'huile d'olive jusqu'à ce qu'ils soient dorés.
Ajoutez l'oignon, l'ail, la sauce soja, le vinaigre de riz, le sucre, l'huile de sésame, le sel et le poivre. Fermez le couvercle et faites cuire en mode "Cuisson sous pression" pendant 10 minutes. Mélangez la fécule de maïs avec un peu d'eau pour faire une pâte.
Ajoutez la pâte de fécule de maïs dans la cuve du Cookeo et faites cuire en mode "Dorer" jusqu'à ce que la sauce épaississe.
Servez le porc au caramel, garni de ciboulette.

Poulet au citron et à l'ail

Ingrédients : pour 4 personnes

- 4 cuisses de poulet
- 4 gousses d'ail, émincées
- 2 citrons, jus et zeste
- 2 cuillères à soupe d'huile d'olive
- 2 cuillères à soupe de miel
- Sel, poivre et thym au goût
- Persil frais pour garnir

Préparation :

Préchauffez le Cookeo en mode "Dorer".
Faites dorer les cuisses de poulet dans l'huile d'olive jusqu'à ce qu'elles soient dorées.
Ajoutez l'ail, le jus et le zeste de citron, le miel, le sel, le poivre et le thym.
Fermez le couvercle et faites cuire en mode "Cuisson sous pression" pendant 20 minutes.
Laissez reposer quelques minutes avant de servir le poulet au citron et à l'ail, garni de persil frais.

Bœuf Stroganoff

Ingrédients : pour 4 personnes

- 500 g de bœuf à ragoût, coupé en lanières
- 2 oignons, émincés
- 250 g de champignons de Paris, coupés en tranches
- 200 ml de crème fraîche + 200 ml de bouillon de bœuf
- 2 cuillères à soupe de moutarde + 2 cuillères à soupe de farine
- Sel, poivre et persil frais pour garnir
- Huile d'olive

Préparation :

Préchauffez le Cookeo en mode "Dorer".
Faites revenir les lanières de bœuf dans l'huile d'olive jusqu'à ce qu'elles soient dorées.
Ajoutez les oignons et les champignons, et faites revenir quelques minutes.
Ajoutez la farine et mélangez bien.
Ajoutez la crème fraîche, le bouillon de bœuf, la moutarde, le sel et le poivre.
Fermez le couvercle et faites cuire en mode "Cuisson sous pression" pendant 15 minutes.
Servez le bœuf Stroganoff, garni de persil frais.

Côtes d'agneau aux herbes

Ingrédients : pour 4 personnes

- 4 côtes d'agneau
- 2 gousses d'ail, émincées
- 2 cuillères à soupe de persil frais, haché
- 2 cuillères à soupe de menthe fraîche, hachée
- 2 cuillères à soupe d'huile d'olive
- Sel et poivre au goût

Préparation :

Préchauffez le Cookeo en mode "Dorer".
Mélangez l'ail, le persil, la menthe, l'huile d'olive, le sel et le poivre dans un bol.
Badigeonnez les côtes d'agneau de ce mélange.
Faites dorer les côtes d'agneau dans le Cookeo jusqu'à ce qu'elles soient cuites à votre goût.
Servez les côtes d'agneau aux herbes chaudes.

Poitrine de porc croustillante

Ingrédients : pour 4 personnes

- 1 kg de poitrine de porc
- 2 cuillères à soupe de sel
- 2 cuillères à soupe de paprika
- 2 cuillères à soupe d'ail en poudre
- 1 cuillère à soupe de sucre brun
- 1 cuillère à soupe de poivre noir

Préparation :

Préchauffez le Cookeo en mode "Dorer".
Mélangez le sel, le paprika, l'ail en poudre, le sucre brun et le poivre noir dans un bol pour faire un mélange d'épices.
Saupoudrez généreusement le mélange d'épices sur la poitrine de porc, en veillant à bien l'enrober.
Faites dorer la poitrine de porc dans le Cookeo jusqu'à ce qu'elle soit bien croustillante.
Laissez reposer quelques minutes avant de découper la poitrine de porc en tranches.
Servez la poitrine de porc croustillante avec des légumes rôtis ou une salade.

Plats de poisson

Saumon en papillote

Ingrédients : pour 4 personnes

- 4 filets de saumon
- 1 citron, coupé en rondelles
- 4 branches d'aneth frais
- Sel et poivre au goût

Préparation :

Préchauffez le Cookeo en mode "Dorer".
Placez chaque filet de saumon sur une feuille de papier sulfurisé.
Assaisonnez les filets de saumon avec du sel et du poivre.
Ajoutez une rondelle de citron et une branche d'aneth sur chaque filet de saumon.
Refermez les papillotes en les pliant bien.
Placez les papillotes dans le Cookeo et faites cuire en mode "Cuisson sous pression" pendant 10 minutes.
Servez le saumon en papillote avec des légumes vapeur.

Cabillaud à la provençale

Ingrédients : pour 4 personnes

- 4 filets de cabillaud
- 2 tomates, coupées en dés
- 1 oignon, émincé
- 2 gousses d'ail, émincées
- 1 cuillère à soupe d'huile d'olive
- 1 cuillère à café d'herbes de Provence
- Sel et poivre au goût
- Persil frais pour garnir

Préparation :

Préchauffez le Cookeo en mode "Dorer".
Faites revenir l'oignon et l'ail dans l'huile d'olive jusqu'à ce qu'ils soient tendres.
Ajoutez les dés de tomates, les herbes de Provence, le sel et le poivre.
Faites revenir quelques minutes.
Placez les filets de cabillaud sur le mélange de tomates et d'oignon.
Fermez le couvercle et faites cuire en mode "Cuisson sous pression" pendant 10 minutes.
Servez le cabillaud à la provençale, garni de persil frais.

Filets de sole aux amandes

Ingrédients : pour 4 personnes

- 4 filets de sole
- 50 g d'amandes effilées
- 1 citron, jus et zeste
- 2 cuillères à soupe de beurre
- Sel et poivre au goût
- Persil frais pour garnir

Préparation :

Préchauffez le Cookeo en mode "Dorer".
Faites fondre le beurre dans le Cookeo.
Ajoutez les amandes effilées et faites-les dorer légèrement.
Réservez les amandes dans un bol.
Placez les filets de sole dans le Cookeo et faites-les cuire de chaque côté jusqu'à ce qu'ils soient dorés. Ajoutez le jus et le zeste de citron sur les filets de sole.
Fermez le couvercle et faites cuire en mode "Cuisson sous pression" pendant 5 minutes.
Servez les filets de sole aux amandes, garnis de persil frais.

Crevettes créoles

Ingrédients : pour 4 personnes

- 500 g de crevettes décortiquées + 1 oignon, émincé
- 2 gousses d'ail, émincées + 2 tomates, coupées en dés
- 1 cuillère à soupe de poudre de curry + 1 cuillère à café de paprika
- 200 ml de lait de coco + 2 cuillères à soupe d'huile d'olive
- Sel et poivre au goût + Coriandre fraîche pour garnir

Préparation :

Préchauffez le Cookeo en mode "Dorer".
Faites revenir l'oignon et l'ail dans l'huile d'olive jusqu'à ce qu'ils soient tendres.
Ajoutez les dés de tomates, la poudre de curry, le paprika, le sel et le poivre.
Faites revenir quelques minutes.
Ajoutez les crevettes et faites-les cuire jusqu'à ce qu'elles soient roses.
Ajoutez le lait de coco et mélangez bien.
Fermez le couvercle et faites cuire en mode "Cuisson sous pression" pendant 5 minutes.
Servez les crevettes créoles, garnies de coriandre fraîche.

Truite aux amandes

Ingrédients : pour 4 personnes
- 4 filets de truite + 50 g d'amandes effilées
- 1 citron, jus et zeste + 2 cuillères à soupe de beurre
- Sel et poivre au goût + Persil frais pour garnir

Préparation :
Préchauffez le Cookeo en mode "Dorer".
Faites fondre le beurre dans le Cookeo.
Ajoutez les amandes effilées et faites-les dorer légèrement.
Réservez les amandes dans un bol.
Placez les filets de truite dans le Cookeo et faites-les cuire de chaque côté jusqu'à ce qu'ils soient dorés. Ajoutez le jus et le zeste de citron sur les filets de truite.
Fermez le couvercle et faites cuire en mode "Cuisson sous pression" pendant 5 minutes.
Servez les filets de truite aux amandes, garnis de persil frais.

Paella aux fruits de mer

Ingrédients : pour 4 personnes
- 250 g de riz à paella
- 500 g de fruits de mer mélangés (crevettes, moules, calmars, etc.)
- 1 oignon, émincé + 2 gousses d'ail, émincées
- 2 tomates, coupées en dés + 1 poivron rouge, coupé en lanières
- 100 g de petits pois + 1 cuillère à soupe de paprika
- 1 cuillère à café de curcuma + 500 ml de bouillon de poisson
- Sel et poivre au goût + Huile d'olive + Persil frais pour garnir

Préparation :
Préchauffez le Cookeo en mode "Dorer".
Faites revenir l'oignon et l'ail dans l'huile d'olive jusqu'à ce qu'ils soient tendres.
Ajoutez les dés de tomates, les lanières de poivron, les petits pois, le paprika, le curcuma, le sel et le poivre. Faites revenir quelques minutes. Ajoutez le riz et mélangez bien.
Ajoutez le bouillon de poisson et les fruits de mer.
Fermez le couvercle et faites cuire en mode "Cuisson sous pression" pendant 10 minutes.
Laissez reposer quelques minutes avant de servir la paella aux fruits de mer, garnie de persil frais.

Filets de bar à la sauce citronnée

Ingrédients : pour 4 personnes

- 4 filets de bar
- 2 citrons, jus et zeste
- 2 cuillères à soupe d'huile d'olive
- 2 cuillères à soupe de beurre
- 2 cuillères à soupe de farine
- Sel et poivre au goût
- Persil frais pour garnir

Préparation :

Préchauffez le Cookeo en mode "Dorer".
Faites fondre le beurre dans l'huile d'olive.
Ajoutez la farine et mélangez bien pour former un roux.
Ajoutez le jus et le zeste des citrons, le sel et le poivre.
Faites cuire jusqu'à épaississement de la sauce.
Placez les filets de bar dans le Cookeo et versez la sauce citronnée par-dessus.
Fermez le couvercle et faites cuire en mode "Cuisson sous pression" pendant 5 minutes.
Servez les filets de bar à la sauce citronnée, garnis de persil frais.

Moules à la marinière

Ingrédients : pour 4 personnes

- 1,5 kg de moules + 2 échalotes, émincées
- 2 gousses d'ail, émincées + 100 ml de vin blanc
- 100 ml de bouillon de légumes
- 2 cuillères à soupe de persil frais, haché
- Sel et poivre au goût + Beurre

Préparation :

Préchauffez le Cookeo en mode "Dorer". Faites fondre le beurre dans le Cookeo.
Ajoutez les échalotes et l'ail, et faites revenir jusqu'à ce qu'ils soient tendres.
Ajoutez le vin blanc et le bouillon de légumes, et portez à ébullition.
Ajoutez les moules, le sel et le poivre.
Fermez le couvercle et faites cuire en mode "Cuisson sous pression" pendant 5 minutes.
Laissez reposer quelques minutes avant de servir les moules à la marinière, garnies de persil frais.

Brochettes de crevettes et de légumes

Ingrédients : pour 4 personnes
- 500 g de crevettes décortiquées + 1 poivron rouge, coupé en dés
- 1 poivron jaune, coupé en dés + 1 courgette, coupée en rondelles
- 1 oignon rouge, coupé en quartiers + 2 cuillères à soupe d'huile d'olive
- Jus d'un citron + Sel et poivre au goût
- Herbes de votre choix (thym, romarin, persil) pour garnir

Préparation :
Préchauffez le Cookeo en mode "Dorer".
Enfilez les crevettes, les poivrons, la courgette et les oignons sur des brochettes.
Dans un bol, mélangez l'huile d'olive, le jus de citron, le sel et le poivre.
Badigeonnez les brochettes avec ce mélange.
Placez les brochettes dans le Cookeo et faites-les cuire jusqu'à ce que les crevettes soient roses et les légumes tendres.
Servez les brochettes de crevettes et de légumes, garnies d'herbes fraîches.

Papillotes de poisson aux légumes

Ingrédients : pour 4 personnes
- 4 filets de poisson blanc (cabillaud, merlu, etc.) + 1 courgette, coupée en rondelles
- 1 poivron rouge, coupé en lanières + 1 tomate, coupée en dés
- 1 oignon, émincé + 2 gousses d'ail, émincées + Jus d'un citron
- 2 cuillères à soupe d'huile d'olive + Sel et poivre au goût + Persil frais pour garnir

Préparation :
Préchauffez le Cookeo en mode "Dorer".
Placez chaque filet de poisson sur une feuille de papier sulfurisé.
Disposez les rondelles de courgette, les lanières de poivron, les dés de tomate, l'oignon et l'ail sur les filets de poisson. Arrosez de jus de citron et d'huile d'olive.
Assaisonnez avec du sel et du poivre. Refermez les papillotes en les pliant bien.
Placez les papillotes dans le Cookeo et faites cuire en mode "Cuisson sous pression" pendant 10 minutes. Servez les papillotes de poisson aux légumes, garnies de persil frais.

Brandade de morue

Ingrédients : pour 4 personnes
- 500 g de morue dessalée
- 500 g de pommes de terre, pelées et coupées en dés
- 2 gousses d'ail, émincées + 200 ml de lait
- 50 g de beurre + Sel et poivre au goût + Persil frais pour garnir

Préparation :
Préchauffez le Cookeo en mode "Dorer".
Placez la morue dans le Cookeo et recouvrez-la d'eau.
Faites cuire en mode "Cuisson sous pression" pendant 10 minutes.
Égouttez la morue et retirez la peau et les arêtes.
Dans le Cookeo, faites fondre le beurre et ajoutez l'ail.
Ajoutez les pommes de terre et le lait, et faites cuire en mode "Cuisson sous pression" pendant 5 minutes. Ajoutez la morue émiettée et mélangez bien.
Assaisonnez avec du sel et du poivre.
Fermez le couvercle et laissez reposer pendant quelques minutes pour que les saveurs se mélangent. Servez la brandade de morue, garnie de persil frais.

Brochettes de saumon teriyaki

Ingrédients : pour 4 personnes
- 500 g de filet de saumon, coupé en cubes + 1 poivron rouge, coupé en dés
- 1 poivron jaune, coupé en dés + 1 oignon rouge, coupé en quartiers
- 2 cuillères à soupe de sauce teriyaki + 2 cuillères à soupe de miel
- Jus d'un citron + Sel et poivre au goût + Coriandre fraîche pour garnir

Préparation :
Préchauffez le Cookeo en mode "Dorer".
Enfilez les cubes de saumon, les dés de poivron et les quartiers d'oignon sur des brochettes.
Dans un bol, mélangez la sauce teriyaki, le miel, le jus de citron, le sel et le poivre.
Badigeonnez les brochettes de ce mélange.
Placez les brochettes dans le Cookeo et faites-les cuire jusqu'à ce que le saumon soit cuit et les légumes tendres.
Servez les brochettes de saumon teriyaki, garnies de coriandre fraîche.

Lotte à la provençale

Ingrédients : pour 4 personnes
- 500 g de filet de lotte, coupé en morceaux + 2 tomates, coupées en dés
- 1 oignon, émincé + 2 gousses d'ail, émincées
- 1 poivron rouge, coupé en lanières + 200 ml de bouillon de poisson
- 2 cuillères à soupe d'huile d'olive + 1 cuillère à soupe de concentré de tomates
- 1 cuillère à café d'herbes de Provence + Sel et poivre au goût
- Persil frais pour garnir

Préparation :
Préchauffez le Cookeo en mode "Dorer".
Faites revenir l'oignon et l'ail dans l'huile d'olive jusqu'à ce qu'ils soient tendres.
Ajoutez les dés de tomates, les lanières de poivron, le concentré de tomates, les herbes de Provence, le sel et le poivre. Faites revenir quelques minutes.
Ajoutez les morceaux de lotte et le bouillon de poisson.
Fermez le couvercle et faites cuire en mode "Cuisson sous pression" pendant 10 minutes.
Servez la lotte à la provençale, garnie de persil frais.

Soupe de poisson

Ingrédients : pour 4 personnes
- 500 g de poissons mélangés (rougets, merlans, etc.), nettoyés et coupés en morceaux
- 2 carottes, coupées en rondelles + 1 oignon, émincé + 2 gousses d'ail, émincées
- 2 tomates, coupées en dés + 1 branche de céleri, coupée en dés
- 1 poireau, coupé en rondelles + 1 bouquet garni (thym, laurier, persil)
- 1 cuillère à soupe de concentré de tomates + 1 cuillère à café de paprika
- 1 cuillère à soupe d'huile d'olive + Sel et poivre au goût + Persil frais pour garnir

Préparation :
Préchauffez le Cookeo en mode "Dorer".
Faites revenir l'oignon et l'ail dans l'huile d'olive jusqu'à ce qu'ils soient tendres.
Ajoutez les carottes, les tomates, le céleri et le poireau, et faites revenir quelques minutes.
Ajoutez le concentré de tomates, le paprika, le sel, le poivre et le bouquet garni.
Ajoutez les morceaux de poisson et couvrez d'eau.
Fermez le couvercle et faites cuire en mode "Cuisson sous pression" pendant 15 minutes.
Retirez le bouquet garni et mixez la soupe avec un mixeur plongeant jusqu'à obtenir une consistance lisse. Servez la soupe de poisson, garnie de persil frais.

Filets de dorade au citron et aux herbes

Ingrédients : pour 4 personnes
- 4 filets de dorade + Jus et zeste de 1 citron
- 2 cuillères à soupe d'huile d'olive + 2 gousses d'ail, émincées
- Herbes de votre choix (thym, romarin, persil), hachées
- Sel et poivre au goût

Préparation :
Préchauffez le Cookeo en mode "Dorer".
Mélangez le jus de citron, le zeste, l'huile d'olive, l'ail, les herbes, le sel et le poivre dans un bol. Badigeonnez les filets de dorade de ce mélange.
Placez les filets de dorade dans le Cookeo et faites-les cuire jusqu'à ce qu'ils soient bien cuits. Servez les filets de dorade au citron et aux herbes.

Gratin de poisson

Ingrédients : pour 4 personnes
- 500 g de filets de poisson blanc (colin, cabillaud, etc.)
- 500 g de pommes de terre, pelées et coupées en rondelles
- 1 oignon, émincé + 2 gousses d'ail, émincées
- 200 ml de crème fraîche + 100 g de fromage râpé + 2 cuillères à soupe de beurre
- Sel et poivre au goût + Persil frais pour garnir

Préparation :
Préchauffez le Cookeo en mode "Dorer". Faites fondre le beurre dans le Cookeo.
Ajoutez l'oignon et l'ail, et faites-les revenir jusqu'à ce qu'ils soient tendres.
Ajoutez les rondelles de pommes de terre et faites revenir quelques minutes.
Ajoutez les filets de poisson, la crème fraîche, le sel et le poivre.
Fermez le couvercle et faites cuire en mode "Cuisson sous pression" pendant 10 minutes.
Préchauffez le gril du four.
Transférez le mélange de poisson et de pommes de terre dans un plat allant au four.
Saupoudrez de fromage râpé sur le dessus.
Faites gratiner sous le gril du four jusqu'à ce que le fromage soit doré et croustillant.
Servez le gratin de poisson, garni de persil frais.

Papillotes de saumon aux légumes

Ingrédients : pour 4 personnes
- 4 filets de saumon + 1 courgette, coupée en rondelles
- 1 poireau, coupé en rondelles + 1 carotte, coupée en julienne
- 1 oignon, émincé + 2 cuillères à soupe de sauce soja
- 2 cuillères à soupe de vinaigre de riz + 1 cuillère à soupe d'huile de sésame
- Sel et poivre au goût + Ciboulette pour garnir

Préparation :
Préchauffez le Cookeo en mode "Dorer".
Placez chaque filet de saumon sur une feuille de papier sulfurisé.
Disposez les rondelles de courgette, les rondelles de poireau, les julienne de carotte et l'oignon sur les filets de saumon.
Dans un bol, mélangez la sauce soja, le vinaigre de riz, l'huile de sésame, le sel et le poivre. Arrosez les légumes et le saumon avec ce mélange.
Refermez les papillotes en les pliant bien.
Placez les papillotes dans le Cookeo et faites cuire en mode "Cuisson sous pression" pendant 10 minutes. Servez les papillotes de saumon aux légumes, garnies de ciboulette.

Curry de crevettes

Ingrédients : pour 4 personnes
- 500 g de crevettes décortiquées + 1 oignon, émincé + 2 gousses d'ail, émincées
- 2 cuillères à soupe de pâte de curry rouge + 400 ml de lait de coco
- 1 cuillère à soupe de sucre brun + 1 cuillère à soupe de sauce poisson
- Sel et poivre au goût + Coriandre fraîche pour garnir + Huile d'olive

Préparation :
Préchauffez le Cookeo en mode "Dorer".
Faites revenir l'oignon et l'ail dans l'huile d'olive jusqu'à ce qu'ils soient tendres.
Ajoutez la pâte de curry rouge et faites revenir quelques minutes pour libérer les saveurs.
Ajoutez les crevettes et faites-les revenir jusqu'à ce qu'elles soient roses.
Ajoutez le lait de coco, le sucre brun et la sauce poisson.
Fermez le couvercle et faites cuire en mode "Cuisson sous pression" pendant 5 minutes.
Servez le curry de crevettes, garni de coriandre fraîche.

Papillotes de cabillaud aux légumes méditerranéens

Ingrédients : pour 4 personnes
- 4 filets de cabillaud + 1 courgette, coupée en rondelles
- 1 poivron rouge, coupé en lanières + 1 poivron jaune, coupé en lanières
- 1 oignon rouge, émincé + 2 cuillères à soupe d'huile d'olive
- Jus de 1 citron + 2 cuillères à soupe de herbes de Provence
- Sel et poivre au goût + Basilic frais pour garnir

Préparation :
Préchauffez le Cookeo en mode "Dorer".
Placez chaque filet de cabillaud sur une feuille de papier sulfurisé.
Disposez les rondelles de courgette, les lanières de poivron et l'oignon sur les filets de cabillaud. Arrosez avec l'huile d'olive et le jus de citron.
Saupoudrez les herbes de Provence, le sel et le poivre.
Refermez les papillotes en les pliant bien.
Placez les papillotes dans le Cookeo et faites cuire en mode "Cuisson sous pression" pendant 10 minutes.
Servez les papillotes de cabillaud aux légumes méditerranéens, garnies de basilic frais.

Filets de truite aux amandes et au citron

Ingrédients : pour 4 personnes
- 4 filets de truite + 50 g d'amandes effilées + Jus et zeste de 1 citron
- 2 cuillères à soupe de beurre + Sel et poivre au goût + Persil frais pour garnir

Préparation :
Préchauffez le Cookeo en mode "Dorer". Faites fondre le beurre dans le Cookeo.
Ajoutez les amandes effilées et faites-les dorer légèrement.
Réservez les amandes dans un bol.
Placez les filets de truite dans le Cookeo et faites-les cuire de chaque côté jusqu'à ce qu'ils soient dorés. Ajoutez le jus et le zeste de citron sur les filets de truite.
Fermez le couvercle et faites cuire en mode "Cuisson sous pression" pendant 5 minutes.
Servez les filets de truite aux amandes et au citron, garnis de persil frais.

Plats végétariens

Risotto aux champignons

Ingrédients : pour 4 personnes
- 300 g de riz Arborio + 200 g de champignons, tranchés
- 1 oignon, émincé + 2 gousses d'ail, émincées
- 1 litre de bouillon de légumes + 100 ml de vin blanc
- 50 g de parmesan râpé + 2 cuillères à soupe d'huile d'olive
- Sel et poivre au goût + Persil frais pour garnir

Préparation :
Préchauffez le Cookeo en mode "Dorer".
Faites revenir l'oignon et l'ail dans l'huile d'olive jusqu'à ce qu'ils soient tendres.
Ajoutez les champignons et faites-les sauter pendant quelques minutes.
Ajoutez le riz et remuez bien pour le nacrer. Versez le vin blanc et laissez-le s'évaporer.
Ajoutez le bouillon de légumes, le sel et le poivre.
Fermez le couvercle et faites cuire en mode "Cuisson sous pression" pendant 6 minutes.
Ouvrez le couvercle et ajoutez le parmesan râpé. Remuez jusqu'à ce qu'il fonde.
Servez le risotto aux champignons, garni de persil frais.

Ratatouille

Ingrédients : pour 4 personnes
- 2 aubergines, coupées en cubes + 2 courgettes, coupées en cubes
- 2 poivrons, coupés en lanières + 1 oignon, émincé
- 2 gousses d'ail, émincées + 4 tomates, coupées en dés
- 2 cuillères à soupe d'huile d'olive
- 1 cuillère à soupe de thym frais, haché
- Sel et poivre au goût
- Basilic frais pour garnir

Préparation :
Préchauffez le Cookeo en mode "Dorer".
Faites revenir l'oignon et l'ail dans l'huile d'olive jusqu'à ce qu'ils soient tendres.
Ajoutez les aubergines, les courgettes, les poivrons et les tomates. Mélangez bien.
Assaisonnez avec le sel, le poivre et le thym.
Fermez le couvercle et faites cuire en mode "Cuisson sous pression" pendant 8 minutes.
Laissez reposer quelques minutes avant de servir la ratatouille, garnie de basilic frais.

Curry de légumes

Ingrédients : pour 4 personnes
- 1 oignon, émincé + 2 gousses d'ail, émincées
- 2 carottes, coupées en rondelles + 1 poivron rouge, coupé en lanières
- 1 courgette, coupée en cubes + 200 g de pois chiches cuits
- 400 ml de lait de coco + 2 cuillères à soupe de pâte de curry
- 1 cuillère à soupe d'huile d'olive + Sel et poivre au goût
- Coriandre fraîche pour garnir

Préparation :
Préchauffez le Cookeo en mode "Dorer".
Faites revenir l'oignon et l'ail dans l'huile d'olive jusqu'à ce qu'ils soient tendres.
Ajoutez les carottes, le poivron et la courgette. Faites revenir pendant quelques minutes.
Ajoutez la pâte de curry et mélangez bien pour enrober les légumes.
Ajoutez les pois chiches et le lait de coco. Assaisonnez avec le sel et le poivre.
Fermez le couvercle et faites cuire en mode "Cuisson sous pression" pendant 5 minutes.
Servez le curry de légumes, garni de coriandre fraîche.

Chili végétarien

Ingrédients : pour 4 personnes
- 2 oignons, émincés + 2 gousses d'ail, émincées
- 1 poivron rouge, coupé en dés + 1 poivron vert, coupé en dés
- 1 courgette, coupée en dés + 400 g de haricots rouges cuits
- 400 g de tomates concassées + 2 cuillères à soupe de poudre de chili
- 1 cuillère à soupe de cumin moulu + 1 cuillère à soupe d'huile d'olive
- Sel et poivre au goût + Coriandre fraîche pour garnir

Préparation :
Préchauffez le Cookeo en mode "Dorer".
Faites revenir l'oignon et l'ail dans l'huile d'olive jusqu'à ce qu'ils soient tendres.
Ajoutez les poivrons et la courgette. Faites revenir pendant quelques minutes.
Ajoutez les haricots rouges, les tomates concassées, la poudre de chili et le cumin.
Assaisonnez avec le sel et le poivre.
Fermez le couvercle et faites cuire en mode "Cuisson sous pression" pendant 10 minutes.
Servez le chili végétarien, garni de coriandre fraîche.

Curry de pois chiches et épinards

Ingrédients : pour 4 personnes
- 2 boîtes de pois chiches, égouttés et rincés
- 200 g d'épinards frais + 1 oignon, émincé
- 2 gousses d'ail, émincées + 400 ml de lait de coco
- 2 cuillères à soupe de pâte de curry + 1 cuillère à soupe d'huile d'olive
- Sel et poivre au goût + Coriandre fraîche pour garnir

Préparation :
Préchauffez le Cookeo en mode "Dorer".
Faites revenir l'oignon et l'ail dans l'huile d'olive jusqu'à ce qu'ils soient tendres.
Ajoutez la pâte de curry et mélangez bien pour enrober l'oignon et l'ail.
Ajoutez les pois chiches et le lait de coco. Assaisonnez avec le sel et le poivre.
Fermez le couvercle et faites cuire en mode "Cuisson sous pression" pendant 5 minutes.
Ouvrez le couvercle et ajoutez les épinards frais. Remuez jusqu'à ce qu'ils se fanent.
Servez le curry de pois chiches et épinards, garni de coriandre fraîche.

Lasagnes végétariennes

Ingrédients : pour 4 personnes
- 12 feuilles de lasagnes + 2 courgettes, coupées en rondelles
- 2 carottes, coupées en rondelles + 1 oignon, émincé
- 2 gousses d'ail, émincées + 400 g de tomates concassées
- 200 g de ricotta + 200 g de mozzarella, râpée
- 50 g de parmesan râpé + 2 cuillères à soupe d'huile d'olive
- Sel et poivre au goût + Basilic frais pour garnir

Préparation :
Préchauffez le Cookeo en mode "Dorer".
Faites revenir l'oignon et l'ail dans l'huile d'olive jusqu'à ce qu'ils soient tendres.
Ajoutez les courgettes, les carottes et les tomates concassées. Assaisonnez avec le sel et le poivre. Faites revenir quelques minutes.
Dans un bol, mélangez la ricotta, la mozzarella et le parmesan.
Dans un plat allant au four, alternez les couches de légumes, de feuilles de lasagnes et de mélange de fromages. Terminez par une couche de mélange de fromages sur le dessus.
Fermez le couvercle et faites cuire en mode "Cuisson sous pression" pendant 15 minutes.
Laissez reposer quelques minutes avant de servir les lasagnes végétariennes, garnies de basilic frais.

Poêlée de légumes

Ingrédients : pour 4 personnes
- 2 courgettes, coupées en cubes + 2 carottes, coupées en rondelles
- 1 poivron rouge, coupé en lanières + 1 poivron jaune, coupé en lanières
- 1 oignon, émincé + 2 gousses d'ail, émincées
- 2 cuillères à soupe d'huile d'olive + 1 cuillère à soupe de sauce soja
- 1 cuillère à café de paprika + Sel et poivre au goût
- Persil frais pour garnir

Préparation :
Préchauffez le Cookeo en mode "Dorer".
Faites revenir l'oignon et l'ail dans l'huile d'olive jusqu'à ce qu'ils soient tendres.
Ajoutez les courgettes, les carottes, les poivrons et faites revenir pendant quelques minutes. Ajoutez la sauce soja, le paprika, le sel et le poivre.
Fermez le couvercle et faites cuire en mode "Cuisson sous pression" pendant 5 minutes.
Servez la poêlée de légumes, garnie de persil frais.

Tofu sauté aux légumes

Ingrédients : pour 4 personnes
- 300 g de tofu, coupé en cubes + 2 carottes, coupées en julienne
- 1 poivron rouge, coupé en lanières + 1 poivron jaune, coupé en lanières
- 1 oignon, émincé + 2 gousses d'ail, émincées
- 2 cuillères à soupe de sauce soja + 1 cuillère à soupe d'huile de sésame
- 1 cuillère à café de gingembre moulu + Sel et poivre au goût
- Coriandre fraîche pour garnir

Préparation :
Préchauffez le Cookeo en mode "Dorer".
Faites revenir l'oignon et l'ail dans l'huile de sésame jusqu'à ce qu'ils soient tendres.
Ajoutez le tofu et faites-le sauter jusqu'à ce qu'il soit doré.
Ajoutez les carottes, les poivrons, la sauce soja, le gingembre, le sel et le poivre.
Fermez le couvercle et faites cuire en mode "Cuisson sous pression" pendant 5 minutes.
Servez le tofu sauté aux légumes, garni de coriandre fraîche.

Quinoa aux légumes

Ingrédients : pour 4 personnes

- 200 g de quinoa + 2 courgettes, coupées en dés
- 1 poivron rouge, coupé en dés + 1 poivron jaune, coupé en dés
- 1 oignon, émincé + 2 gousses d'ail, émincées
- 400 ml de bouillon de légumes + 2 cuillères à soupe d'huile d'olive
- Jus de 1 citron + Sel et poivre au goût + Persil frais pour garnir

Préparation :

Préchauffez le Cookeo en mode "Dorer".
Faites revenir l'oignon et l'ail dans l'huile d'olive jusqu'à ce qu'ils soient tendres.
Ajoutez les courgettes, les poivrons et faites revenir pendant quelques minutes.
Ajoutez le quinoa et remuez bien pour l'enrober d'huile.
Versez le bouillon de légumes, le jus de citron, le sel et le poivre.
Fermez le couvercle et faites cuire en mode "Cuisson sous pression" pendant 3 minutes.
Laissez reposer quelques minutes avant de servir le quinoa aux légumes, garni de persil frais.

Ratatouille de lentilles

Ingrédients : pour 4 personnes

- 250 g de lentilles vertes, cuites + 1 aubergine, coupée en dés
- 2 courgettes, coupées en dés + 1 poivron rouge, coupé en dés
- 1 oignon, émincé + 2 gousses d'ail, émincées
- 400 g de tomates concassées + 2 cuillères à soupe d'huile d'olive
- 1 cuillère à soupe de thym frais, haché + Sel et poivre au goût
- Persil frais pour garnir

Préparation :

Préchauffez le Cookeo en mode "Dorer".
Faites revenir l'oignon et l'ail dans l'huile d'olive jusqu'à ce qu'ils soient tendres.
Ajoutez l'aubergine, les courgettes, le poivron et faites revenir quelques minutes.
Ajoutez les tomates concassées, les lentilles cuites, le thym, le sel et le poivre.
Fermez le couvercle et faites cuire en mode "Cuisson sous pression" pendant 8 minutes.
Servez la ratatouille de lentilles, garnie de persil frais.

Poêlée de quinoa et légumes

Ingrédients : pour 4 personnes
- 200 g de quinoa + 2 carottes, coupées en petits dés
- 1 courgette, coupée en petits dés + 1 poivron rouge, coupé en petits dés
- 1 poivron jaune, coupé en petits dés + 1 oignon, émincé
- 2 gousses d'ail, émincées + 2 cuillères à soupe d'huile d'olive
- 1 cuillère à soupe de sauce soja + 1 cuillère à café de cumin moulu
- Sel et poivre au goût + Coriandre fraîche pour garnir

Préparation :
Préchauffez le Cookeo en mode "Dorer".
Faites revenir l'oignon et l'ail dans l'huile d'olive jusqu'à ce qu'ils soient tendres.
Ajoutez les carottes, les courgettes, les poivrons et faites revenir quelques minutes.
Ajoutez le quinoa, la sauce soja, le cumin, le sel et le poivre.
Ajoutez de l'eau en suivant les instructions d'utilisation du quinoa.
Fermez le couvercle et faites cuire en mode "Cuisson sous pression" pendant le temps indiqué pour le quinoa. Servez la poêlée de quinoa et légumes, garnie de coriandre fraîche.

Tarte aux légumes

Ingrédients : pour 4 personnes
- 1 pâte brisée + 2 courgettes, coupées en rondelles + 2 carottes, coupées en rondelles + 1 oignon, émincé + 2 gousses d'ail, émincées + 200 g de fromage de chèvre, émietté
- 3 œufs + 200 ml de crème fraîche + 2 cuillères à soupe d'huile d'olive
- Sel et poivre au goût + Thym frais pour garnir

Préparation :
Préchauffez le Cookeo en mode "Dorer".
Faites revenir l'oignon et l'ail dans l'huile d'olive jusqu'à ce qu'ils soient tendres.
Ajoutez les courgettes et les carottes, et faites revenir quelques minutes.
Dans un bol, battez les œufs avec la crème fraîche. Assaisonnez avec le sel et le poivre.
Étalez la pâte brisée dans un moule à tarte et piquez le fond avec une fourchette.
Répartissez les légumes sur la pâte. Versez le mélange d'œufs et de crème par-dessus.
Parsemez de fromage de chèvre émietté et de thym frais.
Fermez le couvercle et faites cuire en mode "Cuisson sous pression" pendant 15 minutes.
Laissez reposer quelques minutes avant de servir la tarte aux légumes.

Riz sauté aux légumes

Ingrédients : pour 4 personnes
- 300 g de riz basmati + 1 poivron rouge, coupé en lanières
- 1 poivron jaune, coupé en lanières + 1 carotte, coupée en julienne
- 1 oignon, émincé + 2 gousses d'ail, émincées
- 2 œufs, battus + 2 cuillères à soupe de sauce soja
- 2 cuillères à soupe d'huile d'olive + Sel et poivre au goût
- Coriandre fraîche pour garnir

Préparation :
Préchauffez le Cookeo en mode "Dorer".
Faites revenir l'oignon et l'ail dans l'huile d'olive jusqu'à ce qu'ils soient tendres.
Ajoutez les poivrons et la carotte, et faites revenir quelques minutes.
Ajoutez le riz et remuez bien pour le nacrer.
Versez de l'eau en suivant les instructions d'utilisation du riz.
Fermez le couvercle et faites cuire en mode "Cuisson sous pression" pendant le temps indiqué pour le riz. Ouvrez le couvercle et ajoutez les œufs battus. Remuez rapidement pour les incorporer au riz. Ajoutez la sauce soja, le sel et le poivre. Mélangez bien.
Servez le riz sauté aux légumes, garni de coriandre fraîche.

Lentilles au curry

Ingrédients : pour 4 personnes
- 250 g de lentilles vertes, cuites + 1 oignon, émincé
- 2 gousses d'ail, émincées + 1 poivron rouge, coupé en lanières
- 1 carotte, coupée en rondelles + 400 ml de lait de coco
- 2 cuillères à soupe de pâte de curry + 2 cuillères à soupe d'huile d'olive
- Sel et poivre au goût + Coriandre fraîche pour garnir

Préparation :
Préchauffez le Cookeo en mode "Dorer".
Faites revenir l'oignon et l'ail dans l'huile d'olive jusqu'à ce qu'ils soient tendres.
Ajoutez le poivron et la carotte, et faites revenir quelques minutes.
Ajoutez les lentilles cuites, le lait de coco et la pâte de curry. Assaisonnez avec le sel et le poivre.
Fermez le couvercle et faites cuire en mode "Cuisson sous pression" pendant 5 minutes.
Servez les lentilles au curry, garnies de coriandre fraîche.

Poêlée de champignons et épinards

Ingrédients : pour 4 personnes
- 300 g de champignons, tranchés
- 200 g d'épinards frais + 1 oignon, émincé
- 2 gousses d'ail, émincées + 2 cuillères à soupe d'huile d'olive
- Jus de 1 citron + Sel et poivre au goût + Persil frais pour garnir

Préparation :
Préchauffez le Cookeo en mode "Dorer".
Faites revenir l'oignon et l'ail dans l'huile d'olive jusqu'à ce qu'ils soient tendres.
Ajoutez les champignons et faites-les sauter jusqu'à ce qu'ils soient dorés.
Ajoutez les épinards et faites-les cuire jusqu'à ce qu'ils se fanent.
Arrosez avec le jus de citron. Assaisonnez avec le sel et le poivre.
Fermez le couvercle et faites cuire en mode "Cuisson sous pression" pendant 3 minutes.
Servez la poêlée de champignons et épinards, garnie de persil frais.

Curry de pois chiches et patates douces

Ingrédients : pour 4 personnes
- 400 g de pois chiches cuits + 2 patates douces, coupées en cubes
- 1 oignon, émincé + 2 gousses d'ail, émincées
- 400 ml de lait de coco + 2 cuillères à soupe de pâte de curry
- 1 cuillère à soupe d'huile d'olive + Sel et poivre au goût + Coriandre fraîche pour garnir

Préparation :
Préchauffez le Cookeo en mode "Dorer".
Faites revenir l'oignon et l'ail dans l'huile d'olive jusqu'à ce qu'ils soient tendres.
Ajoutez les patates douces et faites-les revenir quelques minutes.
Ajoutez les pois chiches, le lait de coco et la pâte de curry. Assaisonnez avec le sel et le poivre.
Fermez le couvercle et faites cuire en mode "Cuisson sous pression" pendant 5 minutes.
Servez le curry de pois chiches et patates douces, garni de coriandre fraîche.

Courgettes farcies au quinoa

Ingrédients : pour 4 personnes
- 4 courgettes + 200 g de quinoa
- 1 oignon, émincé + 2 gousses d'ail, émincées
- 1 poivron rouge, coupé en dés + 100 g de feta émiettée
- 2 cuillères à soupe d'huile d'olive + Sel et poivre au goût
- Persil frais pour garnir

Préparation :
Préchauffez le Cookeo en mode "Dorer".
Faites revenir l'oignon et l'ail dans l'huile d'olive jusqu'à ce qu'ils soient tendres.
Ajoutez le poivron et faites revenir quelques minutes.
Ajoutez le quinoa et remuez bien pour le nacrer.
Versez de l'eau en suivant les instructions d'utilisation du quinoa.
Coupez les courgettes en deux dans le sens de la longueur. Évidez-les légèrement.
Remplissez les courgettes avec le mélange de quinoa et de légumes.
Fermez le couvercle et faites cuire en mode "Cuisson sous pression" pendant le temps indiqué pour le quinoa.
Ouvrez le couvercle et saupoudrez la feta émiettée sur les courgettes farcies.
Servez les courgettes farcies au quinoa, garnies de persil frais.

Poêlée de légumes et tofu

Ingrédients : pour 4 personnes
- 300 g de tofu, coupé en cubes + 2 carottes, coupées en julienne
- 1 poivron rouge, coupé en lanières + 1 poivron jaune, coupé en lanières
- 1 oignon, émincé + 2 gousses d'ail, émincées
- 2 cuillères à soupe de sauce soja + 2 cuillères à soupe d'huile d'olive
- Sel et poivre au goût + Coriandre fraîche pour garnir

Préparation :
Préchauffez le Cookeo en mode "Dorer".
Faites revenir l'oignon et l'ail dans l'huile d'olive jusqu'à ce qu'ils soient tendres.
Ajoutez le tofu et faites-le sauter jusqu'à ce qu'il soit doré.
Ajoutez les carottes, les poivrons, la sauce soja, le sel et le poivre.
Fermez le couvercle et faites cuire en mode "Cuisson sous pression" pendant 5 minutes.
Servez la poêlée de légumes et tofu, garnie de coriandre fraîche.

Pizza végétarienne

Ingrédients : pour 4 personnes
- 1 pâte à pizza prête à l'emploi + 1 courgette, coupée en rondelles
- 1 poivron rouge, coupé en lanières + 1 poivron jaune, coupé en lanières
- 1 oignon, émincé + 2 gousses d'ail, émincées
- 200 g de fromage mozzarella, râpé + 2 cuillères à soupe d'huile d'olive
- Sel et poivre au goût + Basilic frais pour garnir

Préparation :
Préchauffez le Cookeo en mode "Dorer".
Faites revenir l'oignon et l'ail dans l'huile d'olive jusqu'à ce qu'ils soient tendres.
Ajoutez les courgettes et les poivrons, et faites revenir quelques minutes.
Étalez la pâte à pizza dans le Cookeo.
Répartissez les légumes sur la pâte. Saupoudrez de fromage mozzarella râpé.
Fermez le couvercle et faites cuire en mode "Cuisson sous pression" pendant 10 minutes.
Garnissez la pizza végétarienne de basilic frais avant de servir.

Poêlée de champignons et quinoa

Ingrédients : pour 4 personnes
- 200 g de quinoa + 300 g de champignons, tranchés + 1 oignon, émincé + 2 gousses d'ail, émincées + 2 cuillères à soupe d'huile d'olive + 1 cuillère à soupe de sauce soja
- Sel et poivre au goût + Persil frais pour garnir

Préparation :
Préchauffez le Cookeo en mode "Dorer".
Faites revenir l'oignon et l'ail dans l'huile d'olive jusqu'à ce qu'ils soient tendres.
Ajoutez les champignons et faites-les sauter jusqu'à ce qu'ils soient dorés.
Ajoutez le quinoa et remuez bien pour le nacrer.
Versez de l'eau en suivant les instructions d'utilisation du quinoa.
Ajoutez la sauce soja, le sel et le poivre.
Fermez le couvercle et faites cuire en mode "Cuisson sous pression" pendant le temps indiqué pour le quinoa.
Servez la poêlée de champignons et quinoa, garnie de persil frais.

Pâtes et risottos

Spaghetti à la carbonara

Ingrédients : pour 4 personnes
- 400 g de spaghetti + 200 g de lardons fumés
- 3 jaunes d'œufs + 100 g de parmesan râpé
- 2 cuillères à soupe d'huile d'olive
- Sel et poivre au goût + Persil frais pour garnir

Préparation :
Préchauffez le Cookeo en mode "Dorer".
Faites revenir les lardons dans l'huile d'olive jusqu'à ce qu'ils soient croustillants.
Pendant ce temps, faites cuire les spaghetti dans une casserole d'eau bouillante salée selon les instructions sur l'emballage.
Dans un bol, mélangez les jaunes d'œufs et le parmesan.
Égouttez les spaghetti et ajoutez-les dans la cuve du Cookeo avec les lardons. Mélangez bien. Ajoutez le mélange d'œufs et de parmesan. Assaisonnez avec le sel et le poivre.
Fermez le couvercle et faites cuire en mode "Cuisson sous pression" pendant 1 minute.
Servez les spaghetti à la carbonara, garnis de persil frais.

Risotto aux champignons

Ingrédients : pour 4 personnes
- 300 g de riz Arborio + 200 g de champignons, tranchés
- 1 oignon, émincé + 2 gousses d'ail, émincées
- 1 litre de bouillon de légumes + 100 ml de vin blanc
- 50 g de parmesan râpé + 2 cuillères à soupe d'huile d'olive
- Sel et poivre au goût + Persil frais pour garnir

Préparation :
Préchauffez le Cookeo en mode "Dorer".
Faites revenir l'oignon et l'ail dans l'huile d'olive jusqu'à ce qu'ils soient tendres.
Ajoutez les champignons et faites-les sauter pendant quelques minutes.
Ajoutez le riz et remuez bien pour le nacrer. Versez le vin blanc et laissez-le s'évaporer.
Ajoutez le bouillon de légumes, le sel et le poivre.
Fermez le couvercle et faites cuire en mode "Cuisson sous pression" pendant 6 minutes.
Ouvrez le couvercle et ajoutez le parmesan râpé. Remuez jusqu'à ce qu'il fonde.
Servez le risotto aux champignons, garni de persil frais.

Penne à la sauce tomate

Ingrédients : pour 4 personnes
- 400 g de penne + 500 ml de coulis de tomate
- 1 oignon, émincé + 2 gousses d'ail, émincées
- 2 cuillères à soupe d'huile d'olive + 1 cuillère à café d'origan séché
- 1 cuillère à café de basilic séché + Sel et poivre au goût
- Parmesan râpé pour garnir

Préparation :
Préchauffez le Cookeo en mode "Dorer".
Faites revenir l'oignon et l'ail dans l'huile d'olive jusqu'à ce qu'ils soient tendres.
Ajoutez le coulis de tomate, l'origan, le basilic, le sel et le poivre. Mélangez bien.
Ajoutez les penne et assurez-vous qu'ils sont bien enrobés de sauce.
Fermez le couvercle et faites cuire en mode "Cuisson sous pression" pendant 6 minutes.
Servez les penne à la sauce tomate, saupoudrés de parmesan râpé.

Linguine aux fruits de mer

Ingrédients : pour 4 personnes
- 400 g de linguine + 200 g de crevettes décortiquées
- 200 g de moules + 200 g de calmars, coupés en rondelles
- 2 gousses d'ail, émincées + 1 piment rouge, émincé (facultatif)
- 200 ml de vin blanc + 200 ml de bouillon de poisson
- 2 cuillères à soupe d'huile d'olive + Persil frais pour garnir
- Sel et poivre au goût

Préparation :
Préchauffez le Cookeo en mode "Dorer".
Faites revenir l'ail et le piment rouge dans l'huile d'olive pendant quelques secondes.
Ajoutez les fruits de mer (crevettes, moules, calmars) et faites-les sauter jusqu'à ce qu'ils soient cuits. Versez le vin blanc et laissez-le s'évaporer.
Ajoutez les linguine, le bouillon de poisson, le sel et le poivre.
Fermez le couvercle et faites cuire en mode "Cuisson sous pression" pendant le temps indiqué pour les linguine al dente.
Servez les linguine aux fruits de mer, garnis de persil frais.

Rigatoni à la sauce bolognaise

Ingrédients : pour 4 personnes
- 400 g de rigatoni + 500 g de viande hachée (bœuf ou porc)
- 1 oignon, émincé + 2 gousses d'ail, émincées
- 500 ml de coulis de tomate + 2 cuillères à soupe de concentré de tomate
- 1 cuillère à café d'origan séché + 1 cuillère à café de basilic séché
- 1 cuillère à café de sucre + Sel et poivre au goût + Parmesan râpé pour garnir

Préparation :
Préchauffez le Cookeo en mode "Dorer".
Faites revenir l'oignon et l'ail dans l'huile d'olive jusqu'à ce qu'ils soient tendres.
Ajoutez la viande hachée et faites-la dorer.
Ajoutez le coulis de tomate, le concentré de tomate, l'origan, le basilic, le sucre, le sel et le poivre. Mélangez bien. Ajoutez les rigatoni et assurez-vous qu'ils sont bien enrobés de sauce.
Fermez le couvercle et faites cuire en mode "Cuisson sous pression" pendant le temps indiqué pour les rigatoni al dente.
Servez les rigatoni à la sauce bolognaise, saupoudrés de parmesan râpé.

Risotto aux asperges

Ingrédients : pour 4 personnes
- 300 g de riz Arborio + 300 g d'asperges, coupées en tronçons
- 1 oignon, émincé + 2 gousses d'ail, émincées
- 1 litre de bouillon de légumes + 100 ml de vin blanc
- 50 g de parmesan râpé + 2 cuillères à soupe d'huile d'olive
- Sel et poivre au goût + Persil frais pour garnir

Préparation :
Préchauffez le Cookeo en mode "Dorer".
Faites revenir l'oignon et l'ail dans l'huile d'olive jusqu'à ce qu'ils soient tendres.
Ajoutez les asperges et faites-les sauter pendant quelques minutes.
Ajoutez le riz et remuez bien pour le nacrer. Versez le vin blanc et laissez-le s'évaporer.
Ajoutez le bouillon de légumes, le sel et le poivre.
Fermez le couvercle et faites cuire en mode "Cuisson sous pression" pendant 6 minutes.
Ouvrez le couvercle et ajoutez le parmesan râpé. Remuez jusqu'à ce qu'il fonde.
Servez le risotto aux asperges, garni de persil frais.

Farfalle à la crème de saumon

Ingrédients : pour 4 personnes
- 400 g de farfalle + 200 g de saumon frais, coupé en dés
- 1 oignon, émincé + 2 gousses d'ail, émincées
- 200 ml de crème fraîche + 100 ml de bouillon de poisson
- Jus de 1 citron + Aneth frais, haché
- Sel et poivre au goût + Parmesan râpé pour garnir

Préparation :
Préchauffez le Cookeo en mode "Dorer".
Faites revenir l'oignon et l'ail dans l'huile d'olive jusqu'à ce qu'ils soient tendres.
Ajoutez les dés de saumon et faites-les dorer.
Ajoutez la crème fraîche, le bouillon de poisson, le jus de citron, l'aneth, le sel et le poivre. Mélangez bien.
Ajoutez les farfalle et assurez-vous qu'elles sont bien enrobées de sauce.
Fermez le couvercle et faites cuire en mode "Cuisson sous pression" pendant le temps indiqué pour les farfalle al dente.
Servez les farfalle à la crème de saumon, saupoudrées de parmesan râpé.

Risotto aux champignons et épinards

Ingrédients : pour 4 personnes
- 300 g de riz Arborio + 200 g de champignons, tranchés
- 100 g d'épinards frais + 1 oignon, émincé + 2 gousses d'ail, émincées
- 1 litre de bouillon de légumes + 100 ml de vin blanc + 50 g de parmesan râpé
- 2 cuillères à soupe d'huile d'olive + Sel et poivre au goût + Persil frais pour garnir

Préparation :
Préchauffez le Cookeo en mode "Dorer".
Faites revenir l'oignon et l'ail dans l'huile d'olive jusqu'à ce qu'ils soient tendres.
Ajoutez les champignons et faites-les sauter pendant quelques minutes.
Ajoutez les épinards et faites-les cuire jusqu'à ce qu'ils se fanent.
Ajoutez le riz et remuez bien pour le nacrer. Versez le vin blanc et laissez-le s'évaporer.
Ajoutez le bouillon de légumes, le sel et le poivre.
Fermez le couvercle et faites cuire en mode "Cuisson sous pression" pendant 6 minutes.
Ouvrez le couvercle et ajoutez le parmesan râpé. Remuez jusqu'à ce qu'il fonde.
Servez le risotto aux champignons et épinards, garni de persil frais.

Pâtes à la crème de poulet

Ingrédients : pour 4 personnes

- 400 g de pâtes (penne, fusilli, etc.) + 300 g de filet de poulet, coupé en dés
- 1 oignon, émincé + 2 gousses d'ail, émincées
- 200 ml de crème fraîche + 100 ml de bouillon de volaille
- 2 cuillères à soupe de moutarde + 2 cuillères à soupe d'huile d'olive
- Sel et poivre au goût + Persil frais pour garnir

Préparation :

Préchauffez le Cookeo en mode "Dorer".
Faites revenir l'oignon et l'ail dans l'huile d'olive jusqu'à ce qu'ils soient tendres.
Ajoutez les dés de poulet et faites-les dorer.
Ajoutez la crème fraîche, le bouillon de volaille, la moutarde, le sel et le poivre. Mélangez bien. Ajoutez les pâtes et assurez-vous qu'elles sont bien enrobées de sauce.
Fermez le couvercle et faites cuire en mode "Cuisson sous pression" pendant le temps indiqué pour les pâtes al dente. Servez les pâtes à la crème de poulet, garnies de persil frais.

Risotto aux légumes

Ingrédients : pour 4 personnes

- 300 g de riz Arborio + 2 carottes, coupées en petits dés
- 1 poivron rouge, coupé en petits dés + 1 poivron jaune, coupé en petits dés
- 1 oignon, émincé + 2 gousses d'ail, émincées + 1 litre de bouillon de légumes
- 100 ml de vin blanc + 50 g de parmesan râpé + 2 cuillères à soupe d'huile d'olive
- Sel et poivre au goût + Persil frais pour garnir

Préparation :

Préchauffez le Cookeo en mode "Dorer".
Faites revenir l'oignon et l'ail dans l'huile d'olive jusqu'à ce qu'ils soient tendres.
Ajoutez les carottes et les poivrons, et faites revenir quelques minutes.
Ajoutez le riz et remuez bien pour le nacrer.
Versez le vin blanc et laissez-le s'évaporer.
Ajoutez le bouillon de légumes, le sel et le poivre.
Fermez le couvercle et faites cuire en mode "Cuisson sous pression" pendant 6 minutes.
Ouvrez le couvercle et ajoutez le parmesan râpé. Remuez jusqu'à ce qu'il fonde.
Servez le risotto aux légumes, garni de persil frais.

Linguine aux légumes grillés

Ingrédients : pour 4 personnes
- 400 g de linguine + 1 courgette, coupée en lanières
- 1 poivron rouge, coupé en lanières + 1 poivron jaune, coupé en lanières
- 1 aubergine, coupée en cubes + 1 oignon rouge, émincé
- 2 gousses d'ail, émincées + 2 cuillères à soupe d'huile d'olive
- Sel et poivre au goût + Parmesan râpé pour garnir + Basilic frais pour garnir

Préparation :
Préchauffez le Cookeo en mode "Dorer".
Faites revenir l'oignon et l'ail dans l'huile d'olive jusqu'à ce qu'ils soient tendres.
Ajoutez les courgettes, les poivrons et l'aubergine. Faites griller les légumes jusqu'à ce qu'ils soient légèrement dorés.
Pendant ce temps, faites cuire les linguine dans une casserole d'eau bouillante salée selon les instructions sur l'emballage.
Égouttez les linguine et ajoutez-les dans la cuve du Cookeo avec les légumes grillés. Mélangez bien. Assaisonnez avec du sel et du poivre selon votre goût.
Fermez le couvercle et faites cuire en mode "Cuisson sous pression" pendant 1 minute.
Servez les linguine aux légumes grillés, saupoudrées de parmesan râpé et garnies de basilic frais.

Tagliatelles à la crème de champignons

Ingrédients : pour 4 personnes
- 400 g de tagliatelles + 300 g de champignons de votre choix, tranchés
- 1 oignon, émincé + 2 gousses d'ail, émincées + 200 ml de crème fraîche
- 100 ml de bouillon de légumes + 2 cuillères à soupe de persil frais, haché
- 2 cuillères à soupe d'huile d'olive + Sel et poivre au goût + Parmesan râpé pour garnir

Préparation :
Préchauffez le Cookeo en mode "Dorer".
Faites revenir l'oignon et l'ail dans l'huile d'olive jusqu'à ce qu'ils soient tendres.
Ajoutez les champignons et faites-les cuire jusqu'à ce qu'ils soient dorés.
Versez le bouillon de légumes et laissez mijoter pendant quelques minutes.
Ajoutez la crème fraîche et le persil haché. Assaisonnez avec du sel et du poivre selon votre goût.
Ajoutez les tagliatelles dans la cuve du Cookeo et assurez-vous qu'elles sont bien enrobées de sauce.
Fermez le couvercle et faites cuire en mode "Cuisson sous pression" pendant le temps indiqué pour les tagliatelles al dente.
Servez les tagliatelles à la crème de champignons, saupoudrées de parmesan râpé.

Raviolis aux épinards et ricotta

Ingrédients : pour 4 personnes
- 400 g de raviolis aux épinards et ricotta (fraîches ou surgelées)
- 1 oignon, émincé + 2 gousses d'ail, émincées
- 400 ml de coulis de tomate + 2 cuillères à soupe de basilic frais, haché
- 2 cuillères à soupe d'huile d'olive + Sel et poivre au goût + Parmesan râpé pour garnir

Préparation :
Préchauffez le Cookeo en mode "Dorer".
Faites revenir l'oignon et l'ail dans l'huile d'olive jusqu'à ce qu'ils soient tendres.
Ajoutez le coulis de tomate et le basilic haché. Assaisonnez avec du sel et du poivre.
Ajoutez les raviolis dans la cuve du Cookeo et assurez-vous qu'ils sont bien enrobés de sauce.
Fermez le couvercle et faites cuire en mode "Cuisson sous pression" pendant le temps indiqué pour les raviolis.
Servez les raviolis aux épinards et ricotta, saupoudrés de parmesan râpé.

Fusilli aux légumes méditerranéens

Ingrédients : pour 4 personnes
- 400 g de fusilli + 1 aubergine, coupée en dés + 1 poivron rouge, coupé en lanières
- 1 poivron jaune, coupé en lanières + 1 courgette, coupée en rondelles
- 1 oignon, émincé + 2 gousses d'ail, émincées + 400 ml de coulis de tomate
- 2 cuillères à soupe d'huile d'olive + 1 cuillère à café d'origan séché
- Sel et poivre au goût + Parmesan râpé pour garnir

Préparation :
Préchauffez le Cookeo en mode "Dorer".
Faites revenir l'oignon et l'ail dans l'huile d'olive jusqu'à ce qu'ils soient tendres.
Ajoutez l'aubergine, les poivrons et la courgette. Faites revenir les légumes jusqu'à ce qu'ils soient légèrement dorés.
Ajoutez le coulis de tomate, l'origan, le sel et le poivre. Mélangez bien.
Ajoutez les fusilli dans la cuve du Cookeo et assurez-vous qu'ils sont bien enrobés de sauce.
Fermez le couvercle et faites cuire en mode "Cuisson sous pression" pendant le temps indiqué pour les fusilli al dente.
Servez les fusilli aux légumes méditerranéens, saupoudrés de parmesan râpé.

Pâtes aux crevettes et à l'ail

Ingrédients : pour 4 personnes

- 400 g de pâtes (spaghetti, linguine, etc.) + 300 g de crevettes décortiquées et déveinées
- 4 gousses d'ail, émincées + 2 cuillères à soupe d'huile d'olive
- Jus de 1 citron + Persil frais haché + Sel et poivre au goût

Préparation :

Préchauffez le Cookeo en mode "Dorer".
Faites revenir l'ail dans l'huile d'olive jusqu'à ce qu'il soit doré.
Ajoutez les crevettes et faites-les cuire jusqu'à ce qu'elles soient roses.
Versez le jus de citron sur les crevettes.
Pendant ce temps, faites cuire les pâtes dans une casserole d'eau bouillante salée selon les instructions sur l'emballage.
Égouttez les pâtes et ajoutez-les dans la cuve du Cookeo avec les crevettes.
Assaisonnez avec du sel et du poivre selon votre goût.
Fermez le couvercle et faites cuire en mode "Cuisson sous pression" pendant 1 minute.
Servez les pâtes aux crevettes et à l'ail, garnies de persil frais.

Risotto aux asperges et au parmesan

Ingrédients : pour 4 personnes

- 300 g de riz Arborio + 200 g d'asperges, coupées en tronçons
- 1 oignon, émincé + 2 gousses d'ail, émincées + 1 litre de bouillon de légumes
- 100 ml de vin blanc + 50 g de parmesan râpé + 2 cuillères à soupe d'huile d'olive
- Sel et poivre au goût + Persil frais pour garnir

Préparation :

Préchauffez le Cookeo en mode "Dorer".
Faites revenir l'oignon et l'ail dans l'huile d'olive jusqu'à ce qu'ils soient tendres.
Ajoutez les asperges et faites-les sauter pendant quelques minutes.
Ajoutez le riz et remuez bien pour le nacrer. Versez le vin blanc et laissez-le s'évaporer.
Ajoutez le bouillon de légumes, le sel et le poivre.
Fermez le couvercle et faites cuire en mode "Cuisson sous pression" pendant 6 minutes.
Ouvrez le couvercle et ajoutez le parmesan râpé. Remuez jusqu'à ce qu'il fonde.
Servez le risotto aux asperges et au parmesan, garni de persil frais.

Pâtes à la puttanesca

Ingrédients : pour 4 personnes

- 400 g de pâtes (spaghetti, linguine, etc.) + 1 boîte de tomates concassées (400 g)
- 100 g d'olives noires dénoyautées, tranchées + 50 g de câpres

- 4 filets d'anchois, hachés (facultatif) + 2 gousses d'ail, émincées
- 2 cuillères à soupe d'huile d'olive
- 1 cuillère à café de piment rouge en flocons (ajustez selon votre goût)
- Sel et poivre au goût + Persil frais pour garnir

Préparation :

Préchauffez le Cookeo en mode "Dorer".
Faites revenir l'ail et le piment rouge en flocons dans l'huile d'olive jusqu'à ce que l'ail soit doré.
Ajoutez les tomates concassées, les olives, les câpres et les filets d'anchois. Mélangez bien.
Pendant ce temps, faites cuire les pâtes dans une casserole d'eau bouillante salée selon les instructions sur l'emballage. Égouttez les pâtes et ajoutez-les dans la cuve du Cookeo avec la sauce puttanesca. Assaisonnez avec du sel et du poivre selon votre goût.
Fermez le couvercle et faites cuire en mode "Cuisson sous pression" pendant 1 minute.
Servez les pâtes à la puttanesca, garnies de persil frais.

Risotto aux champignons et truffe

Ingrédients : pour 4 personnes

- 300 g de riz Arborio + 200 g de champignons, tranchés + 2 échalotes, émincées
- 2 gousses d'ail, émincées + 1 litre de bouillon de légumes + 100 ml de vin blanc
- 2 cuillères à soupe d'huile d'olive + 2 cuillères à soupe de crème fraîche
- 1 cuillère à soupe d'huile à la truffe + Sel et poivre au goût + Persil frais pour garnir

Préparation :

Préchauffez le Cookeo en mode "Dorer".
Faites revenir les échalotes et l'ail dans l'huile d'olive jusqu'à ce qu'ils soient tendres.
Ajoutez les champignons et faites-les sauter jusqu'à ce qu'ils soient dorés.
Ajoutez le riz et remuez bien pour le nacrer.
Versez le vin blanc et laissez-le s'évaporer.
Ajoutez le bouillon de légumes, le sel et le poivre.
Fermez le couvercle et faites cuire en mode "Cuisson sous pression" pendant 6 minutes.
Ouvrez le couvercle et ajoutez la crème fraîche et l'huile à la truffe. Mélangez jusqu'à ce que le risotto soit crémeux.
Servez le risotto aux champignons et truffe, garni de persil frais.

Pâtes à la crème de courgettes

Ingrédients : pour 4 personnes

- 400 g de pâtes (penne, fusilli, etc.) + 2 courgettes, coupées en dés
- 1 oignon, émincé + 2 gousses d'ail, émincées + 200 ml de crème fraîche
- 100 ml de bouillon de légumes + 2 cuillères à soupe de basilic frais, haché

- 2 cuillères à soupe d'huile d'olive + Sel et poivre au goût + Parmesan râpé pour garnir

Préparation :

Préchauffez le Cookeo en mode "Dorer".
Faites revenir l'oignon et l'ail dans l'huile d'olive jusqu'à ce qu'ils soient tendres.
Ajoutez les courgettes et faites-les cuire jusqu'à ce qu'elles soient tendres.
Ajoutez la crème fraîche, le bouillon de légumes, le basilic, le sel et le poivre. Mélangez bien. Ajoutez les pâtes dans la cuve du Cookeo et assurez-vous qu'elles sont bien enrobées de sauce. Fermez le couvercle et faites cuire en mode "Cuisson sous pression" pendant le temps indiqué pour les pâtes al dente.
Servez les pâtes à la crème de courgettes, saupoudrées de parmesan râpé.

Risotto aux tomates séchées et basilic

Ingrédients : pour 4 personnes

- 300 g de riz Arborio + 50 g de tomates séchées, hachées + 1 oignon, émincé
- 2 gousses d'ail, émincées + 1 litre de bouillon de légumes + 100 ml de vin blanc
- 2 cuillères à soupe d'huile d'olive + 2 cuillères à soupe de basilic frais, haché
- Sel et poivre au goût + Parmesan râpé pour garnir

Préparation :

Préchauffez le Cookeo en mode "Dorer".
Faites revenir l'oignon et l'ail dans l'huile d'olive jusqu'à ce qu'ils soient tendres.
Ajoutez les tomates séchées et faites-les revenir pendant quelques minutes.
Ajoutez le riz et remuez bien pour le nacrer. Versez le vin blanc et laissez-le s'évaporer.
Ajoutez le bouillon de légumes, le sel et le poivre.
Fermez le couvercle et faites cuire en mode "Cuisson sous pression" pendant 6 minutes.
Ouvrez le couvercle et ajoutez le basilic frais. Mélangez bien.
Servez le risotto aux tomates séchées et basilic, garni de parmesan râpé.

Plats exotiques

Poulet tikka masala

Ingrédients : pour 4 personnes

- 500 g de poulet, coupé en dés + 1 oignon, émincé + 2 gousses d'ail, émincées
- 2 cuillères à soupe de pâte de curry tikka masala + 400 ml de lait de coco
- 200 ml de coulis de tomate + 2 cuillères à soupe d'huile d'olive
- Sel et poivre au goût + Coriandre fraîche pour garnir

Préparation :

Préchauffez le Cookeo en mode "Dorer".
Faites revenir l'oignon et l'ail dans l'huile d'olive jusqu'à ce qu'ils soient tendres.
Ajoutez le poulet et faites-le dorer.
Ajoutez la pâte de curry tikka masala et mélangez bien pour enrober le poulet.
Versez le lait de coco et le coulis de tomate. Assaisonnez avec du sel et du poivre.
Fermez le couvercle et faites cuire en mode "Cuisson sous pression" pendant 5 minutes.
Ouvrez le couvercle et mélangez bien.
Servez le poulet tikka masala, garni de coriandre fraîche. Accompagnez-le de riz basmati ou de naans.

Curry de crevettes au lait de coco

Ingrédients : pour 4 personnes

- 500 g de crevettes décortiquées et déveinées + 1 oignon, émincé
- 2 gousses d'ail, émincées + 2 cuillères à soupe de pâte de curry rouge
- 400 ml de lait de coco + 200 ml de bouillon de légumes
- 2 cuillères à soupe d'huile d'olive + Jus de 1 citron vert
- Coriandre fraîche pour garnir + Sel et poivre au goût

Préparation :

Préchauffez le Cookeo en mode "Dorer".
Faites revenir l'oignon et l'ail dans l'huile d'olive jusqu'à ce qu'ils soient tendres.
Ajoutez la pâte de curry rouge et mélangez bien.
Ajoutez les crevettes et faites-les revenir jusqu'à ce qu'elles soient roses.
Versez le lait de coco, le bouillon de légumes et le jus de citron vert.
Assaisonnez avec du sel et du poivre. Fermez le couvercle et faites cuire en mode "Cuisson sous pression" pendant 3 minutes. Ouvrez le couvercle et mélangez bien.
Servez le curry de crevettes au lait de coco, garni de coriandre fraîche. Accompagnez-le de riz basmati.

Pad thaï au poulet

Ingrédients : pour 4 personnes
- 300 g de nouilles de riz + 300 g de poulet, coupé en lanières + 2 œufs, battus
- 1 oignon, émincé + 2 gousses d'ail, émincées + 100 g de germes de soja
- 50 g de cacahuètes concassées + 2 cuillères à soupe de sauce de poisson
- 2 cuillères à soupe de sucre + 2 cuillères à soupe d'huile d'arachide
- Jus de 1 citron vert + Coriandre fraîche pour garnir

Préparation :
Préchauffez le Cookeo en mode "Dorer".
Faites cuire les nouilles de riz selon les instructions sur l'emballage. Égouttez et réservez.
Faites revenir l'oignon et l'ail dans l'huile d'arachide jusqu'à ce qu'ils soient tendres.
Ajoutez le poulet et faites-le dorer.
Poussez les ingrédients sur un côté de la cuve, puis versez les œufs battus de l'autre côté.
Remuez jusqu'à ce qu'ils soient brouillés.
Ajoutez les nouilles de riz, les germes de soja, les cacahuètes, la sauce de poisson et le sucre.
Mélangez bien. Fermez le couvercle et faites cuire en mode "Cuisson sous pression" pendant 2 minutes. Ouvrez le couvercle et ajoutez le jus de citron vert. Mélangez bien. Servez le pad thaï au poulet, garni de coriandre fraîche.

Poulet au curry vert

Ingrédients : pour 4 personnes
- 500 g de poulet, coupé en dés + 1 oignon, émincé + 2 gousses d'ail, émincées
- 2 cuillères à soupe de pâte de curry vert + 400 ml de lait de coco
- 200 ml de bouillon de volaille + 1 cuillère à soupe de sauce de poisson
- 1 cuillère à soupe de sucre + 2 cuillères à soupe d'huile d'olive
- Basilic thaï et coriandre fraîche pour garnir + Sel et poivre au goût

Préparation :
Préchauffez le Cookeo en mode "Dorer".
Faites revenir l'oignon et l'ail dans l'huile d'olive jusqu'à ce qu'ils soient tendres.
Ajoutez la pâte de curry vert et mélangez bien.
Ajoutez le poulet et faites-le dorer.
Versez le lait de coco, le bouillon de volaille, la sauce de poisson et le sucre. Assaisonnez avec du sel et du poivre.
Fermez le couvercle et faites cuire en mode "Cuisson sous pression" pendant 5 minutes.
Ouvrez le couvercle et mélangez bien.
Servez le poulet au curry vert, garni de basilic thaï et de coriandre fraîche. Accompagnez-le de riz jasmin.

Riz cantonais

Ingrédients : pour 4 personnes
- 300 g de riz basmati, cuit et refroidi + 200 g de jambon, coupé en dés
- 100 g de petits pois + 2 œufs, battus + 1 oignon, émincé
- 2 gousses d'ail, émincées + 2 cuillères à soupe de sauce soja
- 2 cuillères à soupe d'huile d'arachide + Sel et poivre au goût
- Ciboule ou coriandre fraîche pour garnir

Préparation :
Préchauffez le Cookeo en mode "Dorer".
Faites revenir l'oignon et l'ail dans l'huile d'arachide jusqu'à ce qu'ils soient tendres.
Ajoutez le jambon et faites-le revenir.
Poussez les ingrédients sur un côté de la cuve, puis versez les œufs battus de l'autre côté.
Remuez jusqu'à ce qu'ils soient brouillés.
Ajoutez le riz basmati, les petits pois, la sauce soja, le sel et le poivre. Mélangez bien.
Fermez le couvercle et faites cuire en mode "Cuisson sous pression" pendant 1 minute.
Ouvrez le couvercle et mélangez bien.
Servez le riz cantonais, garni de ciboule ou de coriandre fraîche.

Curry de bœuf à la noix de coco

Ingrédients : pour 4 personnes
- 500 g de bœuf, coupé en cubes + 1 oignon, émincé + 2 gousses d'ail, émincées
- 2 cuillères à soupe de pâte de curry rouge + 400 ml de lait de coco
- 200 ml de bouillon de bœuf + 2 cuillères à soupe d'huile d'olive
- 1 cuillère à soupe de sauce de poisson + 1 cuillère à soupe de sucre
- Basilic thaï pour garnir + Sel et poivre au goût

Préparation :
Préchauffez le Cookeo en mode "Dorer".
Faites revenir l'oignon et l'ail dans l'huile d'olive jusqu'à ce qu'ils soient tendres.
Ajoutez la pâte de curry rouge et mélangez bien.
Ajoutez le bœuf et faites-le dorer.
Versez le lait de coco, le bouillon de bœuf, la sauce de poisson et le sucre. Assaisonnez avec du sel et du poivre.
Fermez le couvercle et faites cuire en mode "Cuisson sous pression" pendant 15 minutes.
Ouvrez le couvercle et mélangez bien.
Servez le curry de bœuf à la noix de coco, garni de basilic thaï. Accompagnez-le de riz parfumé.

Couscous aux légumes

Ingrédients : pour 4 personnes
- 300 g de semoule de couscous
- 500 g de légumes (carottes, courgettes, navets, poivrons, etc.), coupés en dés
- 1 oignon, émincé + 2 gousses d'ail, émincées + 400 g de concassé de tomates
- 400 ml de bouillon de légumes + 2 cuillères à soupe d'huile d'olive
- 2 cuillères à soupe de mélange d'épices à couscous
- Sel et poivre au goût + Coriandre fraîche pour garnir

Préparation :
Préchauffez le Cookeo en mode "Dorer".
Faites revenir l'oignon et l'ail dans l'huile d'olive jusqu'à ce qu'ils soient tendres.
Ajoutez les légumes et faites-les revenir pendant quelques minutes.
Ajoutez le concassé de tomates, le bouillon de légumes, le mélange d'épices à couscous, le sel et le poivre. Mélangez bien.
Fermez le couvercle et faites cuire en mode "Cuisson sous pression" pendant 10 minutes.
Ouvrez le couvercle et ajoutez la semoule de couscous. Mélangez bien.
Fermez à nouveau le couvercle et laissez reposer pendant 5 minutes.
Servez le couscous aux légumes, garni de coriandre fraîche.

Poulet aux arachides

Ingrédients : pour 4 personnes
- 500 g de poulet, coupé en dés + 1 oignon, émincé + 2 gousses d'ail, émincées
- 100 g de beurre de cacahuète + 400 ml de lait de coco + 200 ml de bouillon de volaille
- 2 cuillères à soupe de sauce soja + 2 cuillères à soupe de jus de citron
- 2 cuillères à soupe d'huile d'olive + Coriandre fraîche pour garnir + Sel et poivre au goût

Préparation :
Préchauffez le Cookeo en mode "Dorer".
Faites revenir l'oignon et l'ail dans l'huile d'olive jusqu'à ce qu'ils soient tendres.
Ajoutez le poulet et faites-le dorer.
Ajoutez le beurre de cacahuète, le lait de coco, le bouillon de volaille, la sauce soja et le jus de citron. Assaisonnez avec du sel et du poivre.
Fermez le couvercle et faites cuire en mode "Cuisson sous pression" pendant 5 minutes.
Ouvrez le couvercle et mélangez bien.
Servez le poulet aux arachides, garni de coriandre fraîche. Accompagnez-le de riz basmati.

Tacos au porc effiloché

Ingrédients : pour 4 personnes
- 500 g de porc (épaule ou échine) + 1 oignon, émincé
- 2 gousses d'ail, émincées + 1 boîte de tomates concassées (400 g)
- 2 cuillères à soupe de mélange d'épices à tacos + 2 cuillères à soupe de jus de citron
- 2 cuillères à soupe d'huile d'olive + Sel et poivre au goût + Tortillas de maïs
- Garnitures au choix : salsa, guacamole, crème fraîche, coriandre, oignons, etc.

Préparation :
Préchauffez le Cookeo en mode "Dorer".
Faites revenir l'oignon et l'ail dans l'huile d'olive jusqu'à ce qu'ils soient tendres.
Ajoutez le porc et faites-le dorer de tous les côtés.
Ajoutez les tomates concassées, le mélange d'épices à tacos, le jus de citron, le sel et le poivre.
Mélangez bien. Fermez le couvercle et faites cuire en mode "Cuisson sous pression" pendant 40 minutes. Ouvrez le couvercle et effilochez le porc à l'aide de deux fourchettes.
Servez le porc effiloché dans des tortillas de maïs, accompagné des garnitures de votre choix.

Poulet au curry jaune et lait de coco

Ingrédients : pour 4 personnes
- 500 g de poulet, coupé en dés + 1 oignon, émincé + 2 gousses d'ail, émincées
- 2 cuillères à soupe de pâte de curry jaune + 400 ml de lait de coco
- 200 ml de bouillon de volaille + 2 cuillères à soupe d'huile d'olive
- 2 cuillères à soupe de sauce de poisson + 1 cuillère à soupe de sucre
- Coriandre fraîche pour garnir + Sel et poivre au goût

Préparation :
Préchauffez le Cookeo en mode "Dorer".
Faites revenir l'oignon et l'ail dans l'huile d'olive jusqu'à ce qu'ils soient tendres.
Ajoutez la pâte de curry jaune et mélangez bien.
Ajoutez le poulet et faites-le dorer.
Versez le lait de coco, le bouillon de volaille, la sauce de poisson et le sucre. Assaisonnez avec du sel et du poivre. Fermez le couvercle et faites cuire en mode "Cuisson sous pression" pendant 5 minutes. Ouvrez le couvercle et mélangez bien.
Servez le poulet au curry jaune et lait de coco, garni de coriandre fraîche. Accompagnez-le de riz basmati.

Poisson au lait de coco et curry rouge

Ingrédients : pour 4 personnes
- 500 g de filet de poisson (cabillaud, dorade, tilapia, etc.)
- 1 oignon, émincé + 2 gousses d'ail, émincées
- 2 cuillères à soupe de pâte de curry rouge + 400 ml de lait de coco
- 200 ml de bouillon de poisson + 2 cuillères à soupe d'huile d'olive
- 2 cuillères à soupe de sauce de poisson + 1 cuillère à soupe de sucre
- Basilic thaï pour garnir + Sel et poivre au goût

Préparation :
Préchauffez le Cookeo en mode "Dorer".
Faites revenir l'oignon et l'ail dans l'huile d'olive jusqu'à ce qu'ils soient tendres.
Ajoutez la pâte de curry rouge et mélangez bien.
Ajoutez le poisson et faites-le dorer.
Versez le lait de coco, le bouillon de poisson, la sauce de poisson et le sucre. Assaisonnez avec du sel et du poivre. Fermez le couvercle et faites cuire en mode "Cuisson sous pression" pendant 5 minutes. Ouvrez le couvercle et mélangez bien.
Servez le poisson au lait de coco et curry rouge, garni de basilic thaï. Accompagnez-le de riz jasmin.

Riz sauté aux légumes

Ingrédients : pour 4 personnes
- 300 g de riz basmati, cuit et refroidi
- 200 g de légumes (poivrons, carottes, petits pois, etc.), coupés en dés
- 1 oignon, émincé + 2 gousses d'ail, émincées + 2 œufs, battus
- 2 cuillères à soupe de sauce soja + 2 cuillères à soupe d'huile d'arachide
- Sel et poivre au goût + Ciboule ou coriandre fraîche pour garnir

Préparation :
Préchauffez le Cookeo en mode "Dorer".
Faites revenir l'oignon et l'ail dans l'huile d'arachide jusqu'à ce qu'ils soient tendres.
Ajoutez les légumes et faites-les revenir pendant quelques minutes.
Poussez les ingrédients sur un côté de la cuve, puis versez les œufs battus de l'autre côté.
Remuez jusqu'à ce qu'ils soient brouillés. Ajoutez le riz basmati, la sauce soja, le sel et le poivre.
Mélangez bien. Fermez le couvercle et faites cuire en mode "Cuisson sous pression" pendant 1 minute. Ouvrez le couvercle et mélangez bien.
Servez le riz sauté aux légumes, garni de ciboule ou de coriandre fraîche.

Porc à la sauce aigre-douce

Ingrédients : pour 4 personnes

- 500 g de porc, coupé en dés + 1 oignon, émincé + 2 gousses d'ail, émincées
- 1 poivron rouge, coupé en dés + 1 poivron vert, coupé en dés
- 200 g d'ananas en conserve, coupé en dés + 4 cuillères à soupe de ketchup
- 2 cuillères à soupe de vinaigre de riz + 2 cuillères à soupe de sucre
- 2 cuillères à soupe d'huile d'olive + 2 cuillères à soupe de sauce soja
- Sel et poivre au goût + Coriandre fraîche pour garnir

Préparation :

Préchauffez le Cookeo en mode "Dorer".
Faites revenir l'oignon et l'ail dans l'huile d'olive jusqu'à ce qu'ils soient tendres.
Ajoutez le porc et faites-le dorer. Ajoutez les poivrons et faites-les revenir pendant quelques minutes.
Ajoutez l'ananas, le ketchup, le vinaigre de riz, le sucre et la sauce soja. Assaisonnez avec du sel et du poivre. Fermez le couvercle et faites cuire en mode "Cuisson sous pression" pendant 5 minutes. Ouvrez le couvercle et mélangez bien.
Servez le porc à la sauce aigre-douce, garni de coriandre fraîche. Accompagnez-le de riz basmati.

Crevettes à la noix de coco et curry rouge

Ingrédients : pour 4 personnes

- 500 g de crevettes décortiquées et déveinées + 1 oignon, émincé
- 2 gousses d'ail, émincées + 2 cuillères à soupe de pâte de curry rouge
- 400 ml de lait de coco + 200 ml de bouillon de légumes + 2 cuillères à soupe d'huile d'olive
- 1 cuillère à soupe de sauce de poisson + 1 cuillère à soupe de sucre
- Basilic thaï pour garnir + Sel et poivre au goût

Préparation :

Préchauffez le Cookeo en mode "Dorer".
Faites revenir l'oignon et l'ail dans l'huile d'olive jusqu'à ce qu'ils soient tendres.
Ajoutez la pâte de curry rouge et mélangez bien.
Ajoutez les crevettes et faites-les revenir jusqu'à ce qu'elles soient roses.
Versez le lait de coco, le bouillon de légumes, la sauce de poisson et le sucre. Assaisonnez avec du sel et du poivre. Fermez le couvercle et faites cuire en mode "Cuisson sous pression" pendant 3 minutes. Ouvrez le couvercle et mélangez bien.
Servez les crevettes à la noix de coco et curry rouge, garnies de basilic thaï. Accompagnez-les de riz jasmin.

Saumon teriyaki

Ingrédients : pour 4 personnes
- 4 filets de saumon + 4 cuillères à soupe de sauce teriyaki
- 2 cuillères à soupe de miel + 2 cuillères à soupe de jus de citron
- 1 cuillère à soupe d'huile d'olive + Graines de sésame pour garnir
- Sel et poivre au goût

Préparation :
Préchauffez le Cookeo en mode "Dorer".
Assaisonnez les filets de saumon avec du sel et du poivre.
Faites-les dorer dans l'huile d'olive pendant quelques minutes de chaque côté.
Ajoutez la sauce teriyaki, le miel et le jus de citron.
Fermez le couvercle et faites cuire en mode "Cuisson sous pression" pendant 3 minutes.
Ouvrez le couvercle et saupoudrez les filets de saumon de graines de sésame.
Servez le saumon teriyaki avec du riz ou des légumes sautés.

Poulet tandoori

Ingrédients : pour 4 personnes
- 500 g de filets de poulet + 200 g de yaourt nature
- 2 cuillères à soupe de pâte de tandoori
- 2 cuillères à soupe de jus de citron + 2 cuillères à soupe d'huile d'olive
- Sel et poivre au goût + Coriandre fraîche pour garnir

Préparation :
Préchauffez le Cookeo en mode "Dorer".
Dans un bol, mélangez le yaourt nature, la pâte de tandoori, le jus de citron, l'huile d'olive, le sel et le poivre.
Assaisonnez les filets de poulet avec cette marinade et laissez reposer pendant au moins 30 minutes.
Faites dorer les filets de poulet marinés dans le Cookeo pendant quelques minutes de chaque côté.
Fermez le couvercle et faites cuire en mode "Cuisson sous pression" pendant 10 minutes.
Ouvrez le couvercle et garnissez le poulet tandoori de coriandre fraîche.
Servez avec du riz basmati et un accompagnement de légumes.

Bœuf aux oignons

Ingrédients : pour 4 personnes
- 500 g de bœuf à fondue, coupé en fines lanières
- 3 oignons, émincés + 2 gousses d'ail, émincées
- 4 cuillères à soupe de sauce soja + 2 cuillères à soupe de sauce d'huître
- 2 cuillères à soupe de fécule de maïs + 2 cuillères à soupe d'huile végétale
- Sel et poivre au goût + Coriandre fraîche pour garnir

Préparation :
Préchauffez le Cookeo en mode "Dorer".
Faites revenir l'ail et les oignons dans l'huile végétale jusqu'à ce qu'ils soient tendres.
Ajoutez les lanières de bœuf et faites-les dorer.
Dans un bol, mélangez la sauce soja, la sauce d'huître, la fécule de maïs, le sel et le poivre.
Versez ce mélange sur le bœuf.
Fermez le couvercle et faites cuire en mode "Cuisson sous pression" pendant 5 minutes.
Ouvrez le couvercle et mélangez bien.
Servez le boeuf aux oignons, garni de coriandre fraîche. Accompagnez-le de riz basmati ou de nouilles sautées.

Crevettes curry coco

Ingrédients : pour 4 personnes
- 500 g de crevettes décortiquées et déveinées + 1 oignon, émincé
- 2 gousses d'ail, émincées + 1 poivron rouge, coupé en dés
- 200 ml de lait de coco + 200 ml de bouillon de légumes
- 2 cuillères à soupe de pâte de curry + 2 cuillères à soupe d'huile d'olive
- 1 cuillère à soupe de sauce de poisson + 1 cuillère à soupe de sucre
- Coriandre fraîche pour garnir + Sel et poivre au goût

Préparation :
Préchauffez le Cookeo en mode "Dorer".
Faites revenir l'oignon et l'ail dans l'huile d'olive jusqu'à ce qu'ils soient tendres.
Ajoutez le poivron rouge et faites-le revenir pendant quelques minutes.
Ajoutez les crevettes et faites-les dorer.
Ajoutez la pâte de curry, le lait de coco, le bouillon de légumes, la sauce de poisson et le sucre.
Assaisonnez avec du sel et du poivre.
Fermez le couvercle et faites cuire en mode "Cuisson sous pression" pendant 3 minutes.
Ouvrez le couvercle et mélangez bien.
Servez les crevettes curry coco, garnies de coriandre fraîche. Accompagnez-les de riz basmati ou de nouilles sautées.

Poulet à l'ananas

Ingrédients : pour 4 personnes
- 500 g de blancs de poulet, coupés en dés + 1 oignon, émincé
- 2 gousses d'ail, émincées + 200 g d'ananas en conserve, coupé en dés
- 4 cuillères à soupe de sauce soja + 2 cuillères à soupe de vinaigre de riz
- 2 cuillères à soupe de sucre + 2 cuillères à soupe d'huile d'olive
- Sel et poivre au goût + Coriandre fraîche pour garnir

Préparation :
Préchauffez le Cookeo en mode "Dorer".
Faites revenir l'oignon et l'ail dans l'huile d'olive jusqu'à ce qu'ils soient tendres.
Ajoutez les dés de poulet et faites-les dorer.
Ajoutez l'ananas, la sauce soja, le vinaigre de riz et le sucre. Assaisonnez avec du sel et du poivre.
Fermez le couvercle et faites cuire en mode "Cuisson sous pression" pendant 5 minutes.
Ouvrez le couvercle et mélangez bien.
Servez le poulet à l'ananas, garni de coriandre fraîche. Accompagnez-le de riz basmati ou de nouilles sautées.

Porc caramel

Ingrédients : pour 4 personnes
- 500 g de porc, coupé en dés + 1 oignon, émincé + 2 gousses d'ail, émincées
- 4 cuillères à soupe de sauce soja + 2 cuillères à soupe de sauce nuoc-mâm
- 2 cuillères à soupe de sucre + 2 cuillères à soupe de vinaigre de riz
- 2 cuillères à soupe d'huile végétale + Coriandre fraîche pour garnir + Sel et poivre au goût

Préparation :
Préchauffez le Cookeo en mode "Dorer".
Faites revenir l'oignon et l'ail dans l'huile végétale jusqu'à ce qu'ils soient tendres.
Ajoutez le porc et faites-le dorer.
Ajoutez la sauce soja, la sauce nuoc-mâm, le sucre, le vinaigre de riz, le sel et le poivre.
Mélangez bien. Fermez le couvercle et faites cuire en mode "Cuisson sous pression" pendant 5 minutes. Ouvrez le couvercle et mélangez bien.
Servez le porc caramel, garni de coriandre fraîche. Accompagnez-le de riz basmati ou de nouilles sautées.

Plats rapides

Poulet au citron et au thym

Ingrédients : pour 4 personnes

- 500 g de filets de poulet
- Le jus et le zeste d'un citron
- 2 cuillères à soupe d'huile d'olive
- 2 gousses d'ail, émincées
- Quelques brins de thym frais
- Sel et poivre au goût

Préparation :

Préchauffez le Cookeo en mode "Dorer".
Dans un bol, mélangez le jus de citron, le zeste de citron, l'huile d'olive, l'ail émincé, le thym frais, le sel et le poivre.
Coupez les filets de poulet en morceaux et placez-les dans le Cookeo.
Versez la marinade sur le poulet et mélangez bien.
Fermez le couvercle et faites cuire en mode "Cuisson sous pression" pendant 5 minutes.
Servez le poulet au citron et au thym avec une garniture de votre choix.

Omelette aux légumes

Ingrédients : pour 4 personnes

4 œufs + 1 poivron rouge, coupé en dés
1 courgette, coupée en dés + 1 oignon, émincé
1 tomate, coupée en dés + 2 cuillères à soupe d'huile d'olive
Sel et poivre au goût

Préparation :

Préchauffez le Cookeo en mode "Dorer".
Faites revenir les légumes (poivron rouge, courgette, oignon, tomate) dans l'huile d'olive jusqu'à ce qu'ils soient tendres.
Dans un bol, battez les œufs et assaisonnez avec du sel et du poivre.
Versez les œufs battus sur les légumes dans le Cookeo.
Fermez le couvercle et faites cuire en mode "Cuisson sous pression" pendant 3 minutes.
Ouvrez le couvercle et découpez l'omelette en parts égales.
Servez l'omelette aux légumes chaude.

Penne à la sauce tomate

Ingrédients : pour 4 personnes
- 300 g de penne + 500 ml de coulis de tomate
- 1 oignon, émincé + 2 gousses d'ail, émincées
- 2 cuillères à soupe d'huile d'olive + 1 cuillère à café d'origan séché
- Sel et poivre au goût

Préparation :
Préchauffez le Cookeo en mode "Dorer".
Faites revenir l'oignon et l'ail dans l'huile d'olive jusqu'à ce qu'ils soient tendres.
Ajoutez le coulis de tomate, l'origan séché, le sel et le poivre.
Versez les penne dans le Cookeo et mélangez bien.
Fermez le couvercle et faites cuire en mode "Cuisson sous pression" pendant le temps indiqué sur l'emballage des penne pour une cuisson al dente.
Ouvrez le couvercle et remuez les penne pour bien les enrober de sauce tomate.
Servez les penne à la sauce tomate chaudes.

Sandwich au poulet grillé

Ingrédients : pour 4 personnes
- 4 escalopes de poulet + 4 petits pains à sandwich
- 4 feuilles de laitue + 1 tomate, tranchée
- Mayonnaise ou sauce de votre choix + Sel et poivre au goût

Préparation :
Préchauffez le Cookeo en mode "Dorer".
Assaisonnez les escalopes de poulet avec du sel et du poivre.
Faites griller les escalopes de poulet dans le Cookeo jusqu'à ce qu'elles soient bien cuites.
Coupez les petits pains en deux et tartinez-les de mayonnaise ou de la sauce de votre choix.
Placez une feuille de laitue sur la moitié inférieure de chaque petit pain.
Ajoutez une tranche de tomate sur la laitue.
Déposez une escalope de poulet grillé sur la tomate.
Refermez les petits pains avec la moitié supérieure.
Servez les sandwiches au poulet grillé.

Salade de quinoa aux légumes

Ingrédients : pour 4 personnes
- 200 g de quinoa + 1 concombre, coupé en dés
- 1 poivron rouge, coupé en dés + 1 poivron jaune, coupé en dés
- 1 tomate, coupée en dés + 1 oignon rouge, émincé
- Jus de citron + Huile d'olive + Sel et poivre au goût

Préparation :
Préchauffez le Cookeo en mode "Dorer". Rincez le quinoa à l'eau froide.
Ajoutez le quinoa dans le Cookeo avec deux fois son volume d'eau.
Fermez le couvercle et faites cuire en mode "Cuisson sous pression" pendant le temps indiqué sur l'emballage du quinoa (environ 5 minutes).
Pendant ce temps, préparez les légumes : concombre, poivrons, tomate et oignon.
Une fois la cuisson du quinoa terminée, ouvrez le couvercle et laissez-le refroidir légèrement. Transférez le quinoa cuit dans un saladier et ajoutez les légumes préparés.
Assaisonnez avec du jus de citron, de l'huile d'olive, du sel et du poivre.
Mélangez bien tous les ingrédients de la salade de quinoa.
Servez la salade de quinoa aux légumes froide.

Crevettes à l'ail et au citron

Ingrédients : pour 4 personnes
- 500 g de crevettes décortiquées et déveinées + 4 gousses d'ail, émincées
- Le jus d'un citron + 2 cuillères à soupe d'huile d'olive
- Persil frais, haché + Sel et poivre au goût

Préparation :
Préchauffez le Cookeo en mode "Dorer".
Faites revenir l'ail dans l'huile d'olive jusqu'à ce qu'il soit légèrement doré.
Ajoutez les crevettes et faites-les cuire jusqu'à ce qu'elles deviennent roses.
Ajoutez le jus de citron, le persil frais, le sel et le poivre. Mélangez bien.
Fermez le couvercle et faites cuire en mode "Cuisson sous pression" pendant 2 minutes.
Ouvrez le couvercle et mélangez les crevettes à l'ail et au citron.
Servez les crevettes chaudes, garnies de persil frais.

Nouilles sautées aux légumes

Ingrédients : pour 4 personnes
- 200 g de nouilles de votre choix + 1 carotte, coupée en julienne
- 1 poivron rouge, coupé en julienne + 1 oignon, émincé
- 100 g de champignons, tranchés + 2 cuillères à soupe de sauce soja
- 2 cuillères à soupe d'huile d'olive + 2 cuillères à soupe de sauce d'huître
- Sel et poivre au goût

Préparation :
Préchauffez le Cookeo en mode "Dorer".
Faites cuire les nouilles selon les instructions sur l'emballage. Égouttez-les et réservez.
Faites revenir l'oignon dans l'huile d'olive jusqu'à ce qu'il soit tendre.
Ajoutez la carotte, le poivron rouge et les champignons. Faites sauter pendant quelques minutes jusqu'à ce que les légumes soient tendres.
Ajoutez les nouilles cuites, la sauce soja, la sauce d'huître, le sel et le poivre. Mélangez bien.
Fermez le couvercle et faites cuire en mode "Cuisson sous pression" pendant 2 minutes. Ouvrez le couvercle et remuez les nouilles sautées aux légumes.
Servez les nouilles sautées chaudes.

Poêlée de légumes et saucisses

Ingrédients : pour 4 personnes
- 4 saucisses de votre choix (chipolatas, merguez, etc.) + 2 courgettes, coupées en rondelles + 2 poivrons, coupés en lamelles + 1 oignon, émincé
- 2 gousses d'ail, émincées + 2 cuillères à soupe d'huile d'olive + Sel et poivre au goût

Préparation :
Préchauffez le Cookeo en mode "Dorer".
Faites dorer les saucisses dans l'huile d'olive jusqu'à ce qu'elles soient bien cuites.
Retirez les saucisses du Cookeo et réservez-les.
Faites revenir l'oignon et l'ail dans le jus de cuisson des saucisses jusqu'à ce qu'ils soient tendres.
Ajoutez les courgettes et les poivrons. Faites sauter pendant quelques minutes jusqu'à ce que les légumes soient tendres.
Coupez les saucisses en rondelles et ajoutez-les aux légumes.
Assaisonnez avec du sel et du poivre. Mélangez bien.
Fermez le couvercle et faites cuire en mode "Cuisson sous pression" pendant 3 minutes.
Servez la poêlée de légumes et saucisses chaude.

Poisson à la vapeur

Ingrédients : pour 4 personnes
- 4 filets de poisson de votre choix (cabillaud, dorade, saumon, etc.)
- Jus de citron + Huile d'olive + Sel et poivre au goût
- Herbes fraîches (aneth, persil, basilic) pour garnir

Préparation :
Préchauffez le Cookeo en mode "Dorer". Placez les filets de poisson dans le Cookeo. Arrosez-les de jus de citron et d'un filet d'huile d'olive.
Assaisonnez avec du sel et du poivre. Fermez le couvercle et faites cuire en mode "Cuisson sous pression" pendant 3 à 5 minutes, selon l'épaisseur des filets de poisson.
Ouvrez le couvercle et garnissez le poisson cuit d'herbes fraîches.
Servez le poisson à la vapeur chaud.

Riz frit aux légumes et crevettes

Ingrédients : pour 4 personnes
- 300 g de riz cuit et refroidi + 200 g de crevettes décortiquées et déveinées
- 1 carotte, coupée en dés + 1 poivron rouge, coupé en dés
- 1 oignon, émincé + 2 gousses d'ail, émincées
- 2 cuillères à soupe de sauce soja + 2 cuillères à soupe d'huile d'olive
- 2 œufs, battus + Sel et poivre au goût

Préparation :
Préchauffez le Cookeo en mode "Dorer".
Faites revenir l'oignon et l'ail dans l'huile d'olive jusqu'à ce qu'ils soient tendres.
Ajoutez les crevettes, les dés de carotte et de poivron. Faites sauter pendant quelques minutes jusqu'à ce que les crevettes soient roses et les légumes tendres.
Poussez les ingrédients sur un côté de la cuve, puis versez les œufs battus de l'autre côté. Remuez jusqu'à ce qu'ils soient brouillés.
Ajoutez le riz cuit, la sauce soja, le sel et le poivre. Mélangez bien.
Fermez le couvercle et faites cuire en mode "Cuisson sous pression" pendant 1 à 2 minutes.
Servez le riz frit aux légumes et crevettes chaud.

Spaghetti à la bolognaise

Ingrédients : pour 4 personnes
- 300 g de spaghetti + 500 g de viande hachée (bœuf, porc, veau mélangés)
- 1 oignon, émincé + 2 gousses d'ail, émincées
- 400 g de coulis de tomate + 2 cuillères à soupe de concentré de tomate
- 2 cuillères à soupe d'huile d'olive + 1 cuillère à café d'origan séché
- Sel et poivre au goût

Préparation :
Préchauffez le Cookeo en mode "Dorer".
Faites revenir l'oignon et l'ail dans l'huile d'olive jusqu'à ce qu'ils soient tendres.
Ajoutez la viande hachée et faites-la dorer.
Ajoutez le coulis de tomate, le concentré de tomate, l'origan séché, le sel et le poivre. Mélangez bien. Versez les spaghetti dans le Cookeo et mélangez-les avec la sauce.
Ajoutez suffisamment d'eau pour couvrir les spaghetti.
Fermez le couvercle et faites cuire en mode "Cuisson sous pression" pendant le temps indiqué sur l'emballage des spaghetti pour une cuisson al dente.
Ouvrez le couvercle et mélangez les spaghetti à la bolognaise.
Servez les spaghetti chaudes, accompagnées de fromage râpé si désiré.

Ratatouille

Ingrédients : pour 4 personnes
- 1 aubergine, coupée en dés + 2 courgettes, coupées en dés
- 1 poivron rouge, coupé en dés + 1 poivron jaune, coupé en dés
- 1 oignon, émincé + 2 gousses d'ail, émincées
- 400 g de coulis de tomate + 2 cuillères à soupe d'huile d'olive
- 1 cuillère à café d'herbes de Provence + Sel et poivre au goût

Préparation :
Préchauffez le Cookeo en mode "Dorer".
Faites revenir l'oignon et l'ail dans l'huile d'olive jusqu'à ce qu'ils soient tendres.
Ajoutez les légumes (aubergine, courgette, poivron) et faites-les revenir pendant quelques minutes.
Ajoutez le coulis de tomate, les herbes de Provence, le sel et le poivre. Mélangez bien.
Fermez le couvercle et faites cuire en mode "Cuisson sous pression" pendant 5 minutes.
Ouvrez le couvercle et mélangez la ratatouille.
Servez la ratatouille chaude, accompagnée de pain frais ou de riz.

Poulet aux légumes

Ingrédients : pour 4 personnes
- 4 filets de poulet + 1 courgette, coupée en dés
- 1 poivron rouge, coupé en dés + 1 poivron vert, coupé en dés
- 1 oignon, émincé + 2 gousses d'ail, émincées
- 2 cuillères à soupe d'huile d'olive + 2 cuillères à soupe de sauce soja
- Sel et poivre au goût

Préparation :
Préchauffez le Cookeo en mode "Dorer".
Faites revenir l'oignon et l'ail dans l'huile d'olive jusqu'à ce qu'ils soient tendres.
Ajoutez les filets de poulet et faites-les dorer.
Ajoutez les dés de courgette et de poivron. Faites revenir pendant quelques minutes.
Ajoutez la sauce soja, le sel et le poivre. Mélangez bien.
Fermez le couvercle et faites cuire en mode "Cuisson sous pression" pendant 5 minutes.
Ouvrez le couvercle et mélangez le poulet aux légumes.
Servez le poulet aux légumes chaud.

Pâtes à la carbonara

Ingrédients : pour 4 personnes
- 300 g de spaghetti + 200 g de lardons + 2 jaunes d'œufs
- 100 g de parmesan râpé + 1 gousse d'ail, émincée
- 2 cuillères à soupe d'huile d'olive + Sel et poivre au goût

Préparation :
Préchauffez le Cookeo en mode "Dorer".
Faites revenir les lardons dans l'huile d'olive jusqu'à ce qu'ils soient croustillants.
Ajoutez l'ail émincé et faites revenir pendant quelques minutes.
Dans un bol, mélangez les jaunes d'œufs et le parmesan râpé.
Faites cuire les spaghetti selon les instructions sur l'emballage. Égouttez-les.
Ajoutez les spaghetti cuits dans le Cookeo avec les lardons et l'ail.
Versez le mélange d'œufs et de parmesan sur les spaghetti chaudes. Mélangez rapidement pour enrober les pâtes.
Assaisonnez avec du sel et du poivre.
Servez les pâtes à la carbonara chaudes, accompagnées de parmesan râpé supplémentaire si désiré.

Chili con carne

Ingrédients : pour 4 personnes
- 500 g de bœuf haché + 1 oignon, émincé + 2 gousses d'ail, émincées
- 1 poivron rouge, coupé en dés +400 g de haricots rouges en conserve, rincés et égouttés
- 400 g de tomates concassées en conserve + 2 cuillères à soupe de poudre de chili
- 1 cuillère à café de cumin moulu + 1 cuillère à café de paprika
- 1 cuillère à soupe d'huile d'olive + Sel et poivre au goût

Préparation :
Préchauffez le Cookeo en mode "Dorer".
Faites revenir l'oignon et l'ail dans l'huile d'olive jusqu'à ce qu'ils soient tendres.
Ajoutez le bœuf haché et faites-le dorer.
Ajoutez le poivron rouge, les haricots rouges, les tomates concassées, la poudre de chili, le cumin, le paprika, le sel et le poivre. Mélangez bien.
Fermez le couvercle et faites cuire en mode "Cuisson sous pression" pendant 10 minutes.
Ouvrez le couvercle et mélangez le chili con carne.
Servez le chili con carne chaud, accompagné de riz ou de tortillas.

Poulet au curry :

Ingrédients : pour 4 personnes
- 500 g de filets de poulet, coupés en dés + 1 oignon, émincé
- 2 gousses d'ail, émincées + 1 poivron rouge, coupé en dés
- 200 ml de lait de coco + 2 cuillères à soupe de pâte de curry
- 2 cuillères à soupe d'huile d'olive + Sel et poivre au goût

Préparation :
Préchauffez le Cookeo en mode "Dorer".
Faites revenir l'oignon et l'ail dans l'huile d'olive jusqu'à ce qu'ils soient tendres.
Ajoutez le poulet et faites-le dorer.
Ajoutez le poivron rouge, le lait de coco et la pâte de curry. Mélangez bien.
Fermez le couvercle et faites cuire en mode "Cuisson sous pression" pendant 5 minutes.
Ouvrez le couvercle et mélangez le poulet au curry.
Servez le poulet au curry chaud, accompagné de riz basmati.

Poivrons farcis au quinoa

Ingrédients : pour 4 personnes
- 4 poivrons (couleurs variées), évidés et coupés en deux
- 1 tasse de quinoa cuit + 1 oignon, émincé + 2 gousses d'ail, émincées
- 200 g de tomates concassées en conserve
- 100 g de fromage râpé (cheddar, mozzarella, etc.)
- 2 cuillères à soupe d'huile d'olive + Sel et poivre au goût

Préparation :
Préchauffez le Cookeo en mode "Dorer".
Faites revenir l'oignon et l'ail dans l'huile d'olive jusqu'à ce qu'ils soient tendres.
Ajoutez les tomates concassées et le quinoa cuit. Mélangez bien.
Assaisonnez avec du sel et du poivre. Remplissez les moitiés de poivrons avec le mélange de quinoa. Saupoudrez de fromage râpé sur le dessus des poivrons farcis.
Fermez le couvercle et faites cuire en mode "Cuisson sous pression" pendant 8 minutes.
Ouvrez le couvercle et servez les poivrons farcis au quinoa chauds.

Tagliatelles au saumon et à la crème

Ingrédients : pour 4 personnes
- 300 g de tagliatelles + 200 g de filet de saumon, coupé en dés
- 200 ml de crème fraîche + Jus de citron + Aneth frais, haché
- 2 cuillères à soupe d'huile d'olive + Sel et poivre au goût

Préparation :
Préchauffez le Cookeo en mode "Dorer".
Faites cuire les tagliatelles selon les instructions sur l'emballage. Égouttez-les et réservez.
Dans le Cookeo, faites revenir le saumon dans l'huile d'olive jusqu'à ce qu'il soit cuit.
Ajoutez la crème fraîche, le jus de citron, l'aneth, le sel et le poivre. Mélangez bien.
Versez les tagliatelles cuites dans le Cookeo avec la sauce au saumon.
Fermez le couvercle et faites cuire en mode "Cuisson sous pression" pendant 2 minutes.
Ouvrez le couvercle et mélangez les tagliatelles au saumon et à la crème.
Servez les tagliatelles chaudes, garnies d'aneth frais.

Boulettes de viande en sauce tomate

Ingrédients : pour 4 personnes
- 500 g de viande hachée (bœuf, porc, veau mélangés)
- 1 oignon, émincé + 2 gousses d'ail, émincées
- 400 g de coulis de tomate + 2 cuillères à soupe de concentré de tomate
- 2 cuillères à soupe d'huile d'olive + 1 cuillère à café d'origan séché
- Sel et poivre au goût

Préparation :
Préchauffez le Cookeo en mode "Dorer".
Dans un bol, mélangez la viande hachée avec l'oignon émincé, l'ail émincé, l'origan séché, le sel et le poivre. Formez des boulettes avec ce mélange.
Faites dorer les boulettes de viande dans l'huile d'olive jusqu'à ce qu'elles soient bien cuites.
Ajoutez le coulis de tomate, le concentré de tomate, le sel et le poivre. Mélangez bien.
Fermez le couvercle et faites cuire en mode "Cuisson sous pression" pendant 5 minutes.
Ouvrez le couvercle et mélangez les boulettes de viande en sauce tomate.
Servez les boulettes de viande chaudes, accompagnées de pâtes ou de purée de pommes de terre.

Poêlée de légumes sautés

Ingrédients : pour 4 personnes
- 1 courgette, coupée en rondelles + 1 poivron rouge, coupé en lanières
- 1 poivron jaune, coupé en lanières + 1 oignon, émincé
- 200 g de champignons, tranchés + 2 cuillères à soupe d'huile d'olive
- 2 cuillères à soupe de sauce soja + Sel et poivre au goût

Préparation :
Préchauffez le Cookeo en mode "Dorer".
Faites revenir l'oignon dans l'huile d'olive jusqu'à ce qu'il soit tendre.
Ajoutez les légumes (courgette, poivrons, champignons) et faites-les sauter pendant quelques minutes jusqu'à ce qu'ils soient tendres.
Ajoutez la sauce soja, le sel et le poivre. Mélangez bien.
Fermez le couvercle et faites cuire en mode "Cuisson sous pression" pendant 2 minutes.
Ouvrez le couvercle et remuez les légumes sautés.
Servez la poêlée de légumes chaudes, accompagnée de riz ou de quinoa.

Plats mijotés

Bœuf bourguignon

Ingrédients : pour 4 personnes
- 800 g de viande de bœuf (gîte, paleron), coupée en cubes
- 200 g de lardons + 2 oignons, émincés + 2 gousses d'ail, émincées
- 250 g de champignons de Paris, tranchés + 500 ml de vin rouge
- 500 ml de bouillon de bœuf + 2 cuillères à soupe de farine
- 2 cuillères à soupe d'huile d'olive + 2 branches de thym + Sel et poivre au goût

Préparation :
Préchauffez le Cookeo en mode "Dorer".
Faites revenir les lardons dans l'huile d'olive jusqu'à ce qu'ils soient croustillants.
Ajoutez les cubes de bœuf et faites-les dorer de tous les côtés.
Ajoutez les oignons et l'ail, puis saupoudrez de farine. Mélangez bien.
Versez le vin rouge et le bouillon de bœuf. Ajoutez les champignons et les branches de thym.
Assaisonnez avec du sel et du poivre. Fermez le couvercle et faites cuire en mode "Cuisson sous pression" pendant 40 minutes.
Ouvrez le couvercle et vérifiez la cuisson de la viande. Si nécessaire, prolongez la cuisson.
Servez le bœuf bourguignon chaud, accompagné de pommes de terre ou de pâtes.

Poulet basquaise

Ingrédients : pour 4 personnes
- 4 cuisses de poulet + 2 poivrons rouges, coupés en lanières
- 2 poivrons verts, coupés en lanières + 2 oignons, émincés
- 4 gousses d'ail, émincées + 400 g de tomates concassées en conserve
- 200 ml de bouillon de volaille + 2 cuillères à soupe d'huile d'olive
- 1 cuillère à café de paprika + 1 cuillère à café de piment d'Espelette + Sel et poivre au goût

Préparation :
Préchauffez le Cookeo en mode "Dorer".
Faites dorer les cuisses de poulet dans l'huile d'olive jusqu'à ce qu'elles soient bien dorées.
Réservez. Dans la même cuve, faites revenir les oignons et l'ail jusqu'à ce qu'ils soient tendres.
Ajoutez les poivrons et faites-les revenir pendant quelques minutes.
Ajoutez les tomates concassées, le paprika, le piment d'Espelette, le sel et le poivre. Mélangez bien. Replacez les cuisses de poulet dans la cuve. Versez le bouillon de volaille.
Fermez le couvercle et faites cuire en mode "Cuisson sous pression" pendant 20 minutes.
Ouvrez le couvercle et vérifiez la cuisson du poulet. Si nécessaire, prolongez la cuisson.
Servez le poulet basquaise chaud, accompagné de riz ou de pommes de terre.

Chili con carne

Ingrédients : pour 4 personnes
- 500 g de viande de bœuf hachée + 1 oignon, émincé + 2 gousses d'ail, émincées
- 1 poivron rouge, coupé en dés +1 boîte de haricots rouges en conserve, rincés et égouttés
- 1 boîte de tomates concassées en conserve + 2 cuillères à soupe de poudre de chili
- 1 cuillère à café de cumin moulu + 1 cuillère à soupe d'huile d'olive
- Sel et poivre au goût

Préparation :
Préchauffez le Cookeo en mode "Dorer".
Faites revenir l'oignon et l'ail dans l'huile d'olive jusqu'à ce qu'ils soient tendres.
Ajoutez la viande hachée et faites-la dorer.
Ajoutez le poivron rouge, les haricots rouges, les tomates concassées, la poudre de chili, le cumin, le sel et le poivre. Mélangez bien.
Fermez le couvercle et faites cuire en mode "Cuisson sous pression" pendant 15 minutes.
Ouvrez le couvercle et vérifiez la cuisson de la viande. Si nécessaire, prolongez la cuisson. Servez le chili con carne chaud, accompagné de riz ou de tortillas.

Navarin d'agneau

Ingrédients : pour 4 personnes
- 800 g d'épaule d'agneau, coupée en cubes + 4 carottes, coupées en rondelles
- 4 pommes de terre, coupées en cubes + 2 oignons, émincés
- 2 gousses d'ail, émincées + 250 ml de bouillon de légumes
- 250 ml de vin blanc + 2 cuillères à soupe de farine + 2 cuillères à soupe d'huile d'olive
- 2 branches de romarin + Sel et poivre au goût

Préparation :
Préchauffez le Cookeo en mode "Dorer".
Faites revenir les cubes d'agneau dans l'huile d'olive jusqu'à ce qu'ils soient bien dorés. Réservez.
Dans la même cuve, faites revenir les oignons et l'ail jusqu'à ce qu'ils soient tendres.
Ajoutez la farine et mélangez bien.
Remettez les cubes d'agneau dans la cuve, ajoutez les carottes, les pommes de terre, le bouillon de légumes et le vin blanc. Mélangez bien. Ajoutez les branches de romarin, le sel et le poivre.
Fermez le couvercle et faites cuire en mode "Cuisson sous pression" pendant 40 minutes.
Ouvrez le couvercle et vérifiez la cuisson de l'agneau et des légumes. Si nécessaire, prolongez la cuisson.
Servez le navarin d'agneau chaud, accompagné de pain frais ou de purée de pommes de terre.

Blanquette de veau

Ingrédients : pour 4 personnes
- 800 g de veau (épaule ou tendron), coupé en morceaux
- 2 carottes, coupées en rondelles + 1 poireau, coupé en tronçons
- 1 oignon, émincé + 250 g de champignons de Paris, coupés en quartiers
- 250 ml de bouillon de volaille + 250 ml de crème fraîche
- 2 cuillères à soupe de farine + 2 cuillères à soupe de beurre
- 2 cuillères à soupe de jus de citron + Sel et poivre au goût

Préparation :
Préchauffez le Cookeo en mode "Dorer".
Dans une assiette creuse, mélangez la farine avec le sel et le poivre. Passez les morceaux de veau dans ce mélange pour les enrober.
Faites fondre le beurre dans le Cookeo et faites revenir les morceaux de veau jusqu'à ce qu'ils soient dorés. Réservez. Dans la même cuve, faites revenir l'oignon et le poireau jusqu'à ce qu'ils soient tendres. Remettez les morceaux de veau dans la cuve, ajoutez les carottes, les champignons, le bouillon de volaille et le jus de citron. Mélangez bien.
Fermez le couvercle et faites cuire en mode "Cuisson sous pression" pendant 30 minutes.
Ouvrez le couvercle et ajoutez la crème fraîche. Mélangez bien.
Servez la blanquette de veau chaude, accompagnée de riz ou de pommes de terre.

Ratatouille

Ingrédients : pour 4 personnes
- 1 aubergine, coupée en dés + 2 courgettes, coupées en dés + 1 poivron rouge, coupé en dés + 1 poivron jaune, coupé en dés + 1 oignon, émincé
- 2 gousses d'ail, émincées + 400 g de coulis de tomate
- 2 cuillères à soupe d'huile d'olive + 1 cuillère à café d'herbes de Provence
- Sel et poivre au goût

Préparation :
Préchauffez le Cookeo en mode "Dorer".
Faites revenir l'oignon et l'ail dans l'huile d'olive jusqu'à ce qu'ils soient tendres.
Ajoutez les légumes (aubergine, courgette, poivrons) et faites-les revenir pendant quelques minutes.
Ajoutez le coulis de tomate, les herbes de Provence, le sel et le poivre. Mélangez bien.
Fermez le couvercle et faites cuire en mode "Cuisson sous pression" pendant 5 minutes.
Ouvrez le couvercle et mélangez la ratatouille.
Servez la ratatouille chaude, accompagnée de pain frais ou de riz.

Coq au vin

Ingrédients : pour 4 personnes
- 1 coq découpé en morceaux + 200 g de lardons
- 250 g de champignons de Paris, coupés en quartiers
- 2 carottes, coupées en rondelles + 2 oignons, émincés
- 2 gousses d'ail, émincées + 500 ml de vin rouge
- 250 ml de bouillon de volaille + 2 cuillères à soupe de farine
- 2 cuillères à soupe d'huile d'olive + 2 branches de thym
- Sel et poivre au goût

Préparation :
Préchauffez le Cookeo en mode "Dorer".
Faites revenir les lardons dans l'huile d'olive jusqu'à ce qu'ils soient croustillants. Réservez.
Dans la même cuve, faites revenir les morceaux de coq jusqu'à ce qu'ils soient bien dorés. Réservez. Faites revenir les oignons et l'ail jusqu'à ce qu'ils soient tendres.
Ajoutez la farine et mélangez bien. Remettez les morceaux de coq dans la cuve, ajoutez les lardons, les champignons, les carottes, le vin rouge, le bouillon de volaille, le thym, le sel et le poivre.
Fermez le couvercle et faites cuire en mode "Cuisson sous pression" pendant 45 minutes.
Ouvrez le couvercle et vérifiez la cuisson du coq. Si nécessaire, prolongez la cuisson.
Servez le coq au vin chaud, accompagné de pommes de terre ou de pâtes.

Tajine de poulet aux olives et citrons confits

Ingrédients : pour 4 personnes
- 4 cuisses de poulet + 1 oignon, émincé + 2 gousses d'ail, émincées
- 200 g d'olives vertes dénoyautées + 2 citrons confits, coupés en quartiers
- 2 cuillères à soupe d'huile d'olive + 1 cuillère à café de curcuma + 1 cuillère à café de paprika + 1 cuillère à café de cumin moulu + 1 cuillère à café de cannelle en poudre
- Sel et poivre au goût

Préparation :
Préchauffez le Cookeo en mode "Dorer".
Faites revenir l'oignon et l'ail dans l'huile d'olive jusqu'à ce qu'ils soient tendres.
Ajoutez les cuisses de poulet et faites-les dorer de tous les côtés.
Ajoutez les épices (curcuma, paprika, cumin, cannelle), le sel et le poivre. Mélangez bien.
Ajoutez les olives et les quartiers de citrons confits. Mélangez délicatement.
Fermez le couvercle et faites cuire en mode "Cuisson sous pression" pendant 25 minutes.
Ouvrez le couvercle et vérifiez la cuisson du poulet. Si nécessaire, prolongez la cuisson.
Servez le tajine de poulet aux olives et citrons confits chaud, accompagné de semoule.

Bœuf aux carottes

Ingrédients : pour 4 personnes
- 800 g de viande de bœuf (paleron, gîte), coupée en cubes
- 4 carottes, coupées en rondelles + 2 oignons, émincés + 2 gousses d'ail, émincées
- 250 ml de bouillon de bœuf + 250 ml de vin rouge + 2 cuillères à soupe de farine
- 2 cuillères à soupe d'huile d'olive + 1 bouquet garni (thym, laurier, persil)
- Sel et poivre au goût

Préparation :
Préchauffez le Cookeo en mode "Dorer".
Faites revenir les cubes de bœuf dans l'huile d'olive jusqu'à ce qu'ils soient bien dorés. Réservez.
Dans la même cuve, faites revenir les oignons et l'ail jusqu'à ce qu'ils soient tendres.
Ajoutez la farine et mélangez bien. Remettez les cubes de bœuf dans la cuve, ajoutez les carottes, le bouillon de bœuf, le vin rouge, le bouquet garni, le sel et le poivre.
Fermez le couvercle et faites cuire en mode "Cuisson sous pression" pendant 45 minutes.
Ouvrez le couvercle et vérifiez la cuisson de la viande et des carottes. Si nécessaire, prolongez la cuisson. Servez le bœuf aux carottes chaud, accompagné de pommes de terre ou de purée de pommes de terre.

Daube provençale

Ingrédients : pour 4 personnes
- 800 g de bœuf (paleron, gîte), coupé en cubes + 2 oignons, émincés
- 2 carottes, coupées en rondelles + 2 gousses d'ail, émincées
- 250 ml de vin rouge + 250 ml de bouillon de bœuf
- 2 cuillères à soupe de farine + 2 cuillères à soupe d'huile d'olive
- 1 bouquet garni (thym, laurier, persil) + Sel et poivre au goût

Préparation :
Préchauffez le Cookeo en mode "Dorer".
Faites revenir les cubes de bœuf dans l'huile d'olive jusqu'à ce qu'ils soient bien dorés. Réservez.
Dans la même cuve, faites revenir les oignons et l'ail jusqu'à ce qu'ils soient tendres.
Ajoutez la farine et mélangez bien.
Remettez les cubes de bœuf dans la cuve, ajoutez les carottes, le vin rouge, le bouillon de bœuf, le bouquet garni, le sel et le poivre.
Fermez le couvercle et faites cuire en mode "Cuisson sous pression" pendant 45 minutes.
Ouvrez le couvercle et vérifiez la cuisson de la viande et des carottes. Si nécessaire, prolongez la cuisson. Servez la daube provençale chaude, accompagnée de pâtes ou de polenta.

Poulet à la provençale

Ingrédients : pour 4 personnes
- 4 cuisses de poulet + 2 tomates, coupées en dés
- 1 poivron rouge, coupé en lanières + 1 oignon, émincé
- 2 gousses d'ail, émincées + 100 g d'olives noires dénoyautées
- 250 ml de bouillon de volaille + 2 cuillères à soupe d'huile d'olive
- 2 cuillères à soupe d'herbes de Provence + Sel et poivre au goût

Préparation :
Préchauffez le Cookeo en mode "Dorer".
Faites dorer les cuisses de poulet dans l'huile d'olive jusqu'à ce qu'elles soient bien dorées. Réservez. Dans la même cuve, faites revenir l'oignon et l'ail jusqu'à ce qu'ils soient tendres. Ajoutez les tomates, le poivron, les olives, les herbes de Provence, le sel et le poivre. Mélangez bien. Replacez les cuisses de poulet dans la cuve et ajoutez le bouillon de volaille.
Fermez le couvercle et faites cuire en mode "Cuisson sous pression" pendant 20 minutes.
Ouvrez le couvercle et vérifiez la cuisson du poulet. Si nécessaire, prolongez la cuisson.
Servez le poulet à la provençale chaud, accompagné de riz ou de pommes de terre.

Ragoût de veau aux légumes

Ingrédients : pour 4 personnes
- 800 g de veau (épaule, poitrine), coupé en cubes + 2 carottes, coupées en rondelles
- 2 pommes de terre, coupées en cubes + 1 poireau, coupé en tronçons
- 1 oignon, émincé + 2 gousses d'ail, émincées + 250 ml de bouillon de veau
- 250 ml de vin blanc + 2 cuillères à soupe de farine + 2 cuillères à soupe d'huile d'olive
- 1 bouquet garni (thym, laurier, persil) + Sel et poivre au goût

Préparation :
Préchauffez le Cookeo en mode "Dorer".
Faites revenir les cubes de veau dans l'huile d'olive jusqu'à ce qu'ils soient bien dorés. Réservez.
Dans la même cuve, faites revenir l'oignon et l'ail jusqu'à ce qu'ils soient tendres.
Ajoutez la farine et mélangez bien.
Remettez les cubes de veau dans la cuve, ajoutez les carottes, les pommes de terre, le poireau, le bouillon de veau, le vin blanc, le bouquet garni, le sel et le poivre.
Fermez le couvercle et faites cuire en mode "Cuisson sous pression" pendant 35 minutes.
Ouvrez le couvercle et vérifiez la cuisson de la viande et des légumes. Si nécessaire, prolongez la cuisson. Servez le ragoût de veau aux légumes chaud, accompagné de pain frais.

Bœuf bourguignon

Ingrédients : pour 4 personnes
- 800 g de viande de bœuf (gîte, paleron), coupée en cubes + 200 g de lardons
- 2 oignons, émincés + 2 gousses d'ail, émincées
- 250 g de champignons de Paris, tranchés + 500 ml de vin rouge
- 500 ml de bouillon de bœuf + 2 cuillères à soupe de farine
- 2 cuillères à soupe d'huile d'olive + 2 branches de thym + Sel et poivre au goût

Préparation :
Préchauffez le Cookeo en mode "Dorer".
Faites revenir les lardons dans l'huile d'olive jusqu'à ce qu'ils soient croustillants. Réservez.
Dans la même cuve, faites revenir les cubes de bœuf jusqu'à ce qu'ils soient bien dorés.
Réservez. Faites revenir les oignons et l'ail jusqu'à ce qu'ils soient tendres.
Ajoutez la farine et mélangez bien.
Remettez les cubes de bœuf dans la cuve, ajoutez les lardons, les champignons, le vin rouge, le bouillon de bœuf, le thym, le sel et le poivre.
Fermez le couvercle et faites cuire en mode "Cuisson sous pression" pendant 45 minutes.
Ouvrez le couvercle et vérifiez la cuisson de la viande. Si nécessaire, prolongez la cuisson.
Servez le bœuf bourguignon chaud, accompagné de pommes de terre ou de pâtes.

Lapin à la moutarde

Ingrédients : pour 4 personnes
- 1 lapin découpé en morceaux + 2 échalotes, émincées + 2 gousses d'ail, émincées
- 250 ml de bouillon de volaille + 200 ml de crème fraîche
- 3 cuillères à soupe de moutarde à l'ancienne + 2 cuillères à soupe d'huile d'olive
- 1 cuillère à soupe de beurre + 1 cuillère à soupe de farine
- 1 bouquet garni (thym, laurier, persil) + Sel et poivre au goût

Préparation :
Préchauffez le Cookeo en mode "Dorer".
Faites dorer les morceaux de lapin dans l'huile d'olive et le beurre jusqu'à ce qu'ils soient bien dorés. Réservez. Dans la même cuve, faites revenir les échalotes et l'ail jusqu'à ce qu'ils soient tendres. Ajoutez la farine et mélangez bien.
Remettez les morceaux de lapin dans la cuve, ajoutez le bouillon de volaille, le bouquet garni, le sel et le poivre.
Fermez le couvercle et faites cuire en mode "Cuisson sous pression" pendant 20 minutes.
Ouvrez le couvercle et ajoutez la crème fraîche et la moutarde à l'ancienne. Mélangez bien.
Servez le lapin à la moutarde chaud, accompagné de pommes de terre ou de pâtes.

Blanquette de veau

Ingrédients : pour 4 personnes
- 800 g de veau (épaule, tendron), coupé en cubes + 2 carottes, coupées en rondelles
- 2 oignons, émincés + 2 gousses d'ail, émincées + 250 ml de bouillon de volaille
- 250 ml de crème fraîche + 2 cuillères à soupe de farine
- 2 cuillères à soupe d'huile d'olive + 1 bouquet garni (thym, laurier, persil)
- Jus d'un demi-citron + Sel et poivre au goût

Préparation :
Préchauffez le Cookeo en mode "Dorer".
Faites revenir les cubes de veau dans l'huile d'olive jusqu'à ce qu'ils soient bien dorés. Réservez.
Dans la même cuve, faites revenir les oignons et l'ail jusqu'à ce qu'ils soient tendres.
Ajoutez la farine et mélangez bien.
Remettez les cubes de veau dans la cuve, ajoutez les carottes, le bouillon de volaille, le bouquet garni, le sel et le poivre.
Fermez le couvercle et faites cuire en mode "Cuisson sous pression" pendant 35 minutes.
Ouvrez le couvercle et vérifiez la cuisson de la viande et des carottes. Si nécessaire, prolongez la cuisson. Ajoutez la crème fraîche et le jus de citron. Mélangez bien.
Servez la blanquette de veau chaude, accompagnée de riz ou de pommes de terre.

Bœuf aux pruneaux

Ingrédients : pour 4 personnes
- 800 g de viande de bœuf (paleron, gîte), coupée en cubes
- 200 g de pruneaux dénoyautés + 2 oignons, émincés + 2 gousses d'ail, émincées
- 250 ml de bouillon de bœuf + 250 ml de vin rouge + 2 cuillères à soupe de farine
- 2 cuillères à soupe d'huile d'olive + 2 branches de thym + Sel et poivre au goût

Préparation :
Préchauffez le Cookeo en mode "Dorer".
Faites revenir les cubes de bœuf dans l'huile d'olive jusqu'à ce qu'ils soient bien dorés. Réservez.
Dans la même cuve, faites revenir les oignons et l'ail jusqu'à ce qu'ils soient tendres.
Ajoutez la farine et mélangez bien.
Remettez les cubes de bœuf dans la cuve, ajoutez les pruneaux, le bouillon de bœuf, le vin rouge, les branches de thym, le sel et le poivre.
Fermez le couvercle et faites cuire en mode "Cuisson sous pression" pendant 45 minutes.
Ouvrez le couvercle et vérifiez la cuisson de la viande et des pruneaux. Si nécessaire, prolongez la cuisson. Servez le bœuf aux pruneaux chaud, accompagné de pommes de terre ou de couscous.

Carbonnade flamande

Ingrédients : pour 4 personnes
- 800 g de bœuf (paleron, gîte), coupé en cubes + 2 oignons, émincés
- 2 tranches de pain d'épices + 250 ml de bière brune
- 250 ml de bouillon de bœuf + 2 cuillères à soupe de farine
- 2 cuillères à soupe de moutarde + 2 cuillères à soupe de vinaigre
- 2 cuillères à soupe d'huile d'olive + 2 branches de thym + Sel et poivre au goût

Préparation :
Préchauffez le Cookeo en mode "Dorer".
Faites revenir les cubes de bœuf dans l'huile d'olive jusqu'à ce qu'ils soient bien dorés. Réservez.
Dans la même cuve, faites revenir les oignons jusqu'à ce qu'ils soient tendres.
Ajoutez la farine et mélangez bien.
Remettez les cubes de bœuf dans la cuve, ajoutez le pain d'épices émietté, la bière brune, le bouillon de bœuf, la moutarde, le vinaigre, les branches de thym, le sel et le poivre.
Fermez le couvercle et faites cuire en mode "Cuisson sous pression" pendant 45 minutes.
Ouvrez le couvercle et vérifiez la cuisson de la viande. Si nécessaire, prolongez la cuisson.
Servez la carbonnade flamande chaude, accompagnée de frites ou de purée de pommes de terre.

Poulet au curry

Ingrédients : pour 4 personnes
- 4 cuisses de poulet + 2 oignons, émincés + 2 gousses d'ail, émincées
- 400 ml de lait de coco + 2 cuillères à soupe de pâte de curry rouge
- 2 cuillères à soupe d'huile d'olive + 2 cuillères à café de gingembre moulu
- 1 cuillère à café de curcuma + 1 cuillère à café de cumin moulu
- 1 cuillère à café de coriandre moulue + Sel et poivre au goût

Préparation :
Préchauffez le Cookeo en mode "Dorer".
Faites dorer les cuisses de poulet dans l'huile d'olive jusqu'à ce qu'elles soient bien dorées. Réservez.
Dans la même cuve, faites revenir les oignons et l'ail jusqu'à ce qu'ils soient tendres.
Ajoutez la pâte de curry rouge, le gingembre, le curcuma, le cumin, la coriandre, le sel et le poivre. Mélangez bien.
Remettez les cuisses de poulet dans la cuve, ajoutez le lait de coco.
Fermez le couvercle et faites cuire en mode "Cuisson sous pression" pendant 15 minutes.
Ouvrez le couvercle et vérifiez la cuisson du poulet. Si nécessaire, prolongez la cuisson.
Servez le poulet au curry chaud, accompagné de riz basmati ou de naans.

Sauté de porc aux champignons

Ingrédients : pour 4 personnes
- 800 g de sauté de porc, coupé en cubes
- 250 g de champignons de Paris, coupés en quartiers + 2 oignons, émincés
- 2 gousses d'ail, émincées + 250 ml de bouillon de volaille
- 250 ml de vin blanc + 2 cuillères à soupe de farine
- 2 cuillères à soupe d'huile d'olive + 2 cuillères à soupe de persil haché
- Sel et poivre au goût

Préparation :
Préchauffez le Cookeo en mode "Dorer".
Faites revenir les cubes de porc dans l'huile d'olive jusqu'à ce qu'ils soient bien dorés. Réservez.
Dans la même cuve, faites revenir les oignons et l'ail jusqu'à ce qu'ils soient tendres.
Ajoutez la farine et mélangez bien.
Remettez les cubes de porc dans la cuve, ajoutez les champignons, le bouillon de volaille, le vin blanc, le persil, le sel et le poivre. Fermez le couvercle et faites cuire en mode "Cuisson sous pression" pendant 30 minutes. Ouvrez le couvercle et vérifiez la cuisson de la viande et des champignons. Si nécessaire, prolongez la cuisson.
Servez le sauté de porc aux champignons chaud, accompagné de riz ou de purée de pommes de terre.

Ragoût de légumes

Ingrédients : pour 4 personnes
- 2 carottes, coupées en rondelles + 2 pommes de terre, coupées en cubes
- 1 poireau, coupé en tronçons + 1 oignon, émincé + 2 gousses d'ail, émincées
- 250 ml de bouillon de légumes + 2 cuillères à soupe d'huile d'olive
- 2 cuillères à soupe de persil haché + 1 cuillère à café de paprika
- 1 cuillère à café de cumin moulu + Sel et poivre au goût

Préparation :
Préchauffez le Cookeo en mode "Dorer".
Faites revenir l'oignon et l'ail dans l'huile d'olive jusqu'à ce qu'ils soient tendres.
Ajoutez les carottes, les pommes de terre, le poireau, le bouillon de légumes, le persil, le paprika, le cumin, le sel et le poivre. Mélangez bien.
Fermez le couvercle et faites cuire en mode "Cuisson sous pression" pendant 10 minutes.
Ouvrez le couvercle et vérifiez la cuisson des légumes. Si nécessaire, prolongez la cuisson.
Servez le ragoût de légumes chaud, accompagné de pain frais ou de riz.

Recettes du monde

Pad thaï

Ingrédients : pour 4 personnes

- 200 g de nouilles de riz + 200 g de crevettes décortiquées
- 2 œufs + 1 oignon rouge, émincé + 2 gousses d'ail, émincées
- 100 g de pousses de soja + 50 g de cacahuètes concassées
- 2 cuillères à soupe d'huile d'arachide + 2 cuillères à soupe de sauce soja
- 2 cuillères à soupe de sauce nuoc-mâm + Jus d'un citron vert
- Coriandre fraîche pour garnir

Préparation :

Faites cuire les nouilles de riz selon les instructions du paquet. Égouttez-les et réservez.
Préchauffez le Cookeo en mode "Dorer". Faites revenir l'oignon rouge et l'ail dans l'huile d'arachide. Ajoutez les crevettes et faites-les cuire jusqu'à ce qu'elles soient roses.
Poussez les crevettes sur le côté et cassez les œufs dans la cuve. Remuez-les rapidement pour les brouiller. Ajoutez les nouilles de riz, les pousses de soja, les cacahuètes concassées, la sauce soja, la sauce nuoc-mâm et le jus de citron vert. Mélangez bien.
Fermez le couvercle et faites cuire en mode "Cuisson sous pression" pendant 2 minutes.
Ouvrez le couvercle et remuez délicatement le pad thaï.
Servez le pad thaï chaud, garni de coriandre fraîche.

Paella

Ingrédients : pour 4 personnes

- 300 g de riz à paella + 400 g de poulet, coupé en morceaux
- 200 g de crevettes décortiquées + 200 g de moules + 100 g de petits pois
- 1 poivron rouge, coupé en lanières + 1 oignon, émincé + 2 gousses d'ail, émincées
- 400 ml de bouillon de volaille + 100 ml de vin blanc + 2 cuillères à soupe d'huile d'olive
- 1 cuillère à café de safran + Sel et poivre au goût

Préparation :

Préchauffez le Cookeo en mode "Dorer".
Faites revenir le poulet dans l'huile d'olive jusqu'à ce qu'il soit doré. Réservez.
Dans la même cuve, faites revenir l'oignon et l'ail jusqu'à ce qu'ils soient tendres.
Ajoutez le poivron rouge et les petits pois. Faites revenir pendant quelques minutes.
Remettez le poulet dans la cuve, ajoutez le riz à paella, le safran, le sel, le poivre, le bouillon de volaille et le vin blanc. Mélangez bien. Fermez le couvercle et faites cuire en mode "Cuisson sous pression" pendant 8 minutes. Ouvrez le couvercle et ajoutez les crevettes et les moules.
Fermez le couvercle et faites cuire en mode "Cuisson sous pression" pendant 2 minutes.
Ouvrez le couvercle et vérifiez la cuisson du riz et des fruits de mer. Si nécessaire, prolongez la cuisson.
Servez la paella chaude, garnie de citron.

Curry de poulet indien

Ingrédients : pour 4 personnes
- 500 g de poulet, coupé en morceaux + 2 oignons, émincés
- 2 gousses d'ail, émincées + 2 cm de gingembre frais, râpé
- 400 ml de lait de coco + 200 ml de bouillon de poulet
- 2 cuillères à soupe de pâte de curry indien + 2 cuillères à soupe d'huile végétale
- 1 cuillère à café de curcuma + 1 cuillère à café de cumin moulu
- 1 cuillère à café de coriandre moulue + Sel et poivre au goût

Préparation :
Préchauffez le Cookeo en mode "Dorer".
Faites revenir les oignons, l'ail et le gingembre dans l'huile végétale jusqu'à ce qu'ils soient tendres. Ajoutez les morceaux de poulet et faites-les dorer de tous les côtés.
Ajoutez la pâte de curry, le curcuma, le cumin, la coriandre, le sel et le poivre. Mélangez bien.
Versez le lait de coco et le bouillon de poulet dans la cuve. Mélangez.
Fermez le couvercle et faites cuire en mode "Cuisson sous pression" pendant 10 minutes.
Ouvrez le couvercle et vérifiez la cuisson du poulet. Si nécessaire, prolongez la cuisson.
Servez le curry de poulet indien chaud, accompagné de riz basmati.

Tacos mexicains

Ingrédients : pour 4 personnes
- 500 g de bœuf haché + 8 tortillas de maïs + 1 oignon, émincé
- 1 poivron rouge, coupé en lanières + 1 poivron vert, coupé en lanières
- 2 gousses d'ail, émincées + 2 cuillères à soupe d'huile d'olive
- 2 cuillères à café de poudre de chili + 1 cuillère à café de cumin moulu
- 1 cuillère à café de paprika + 1 cuillère à café d'origan séché
- Sel et poivre au goût

Préparation :
Préchauffez le Cookeo en mode "Dorer".
Faites revenir l'oignon, l'ail et les poivrons dans l'huile d'olive jusqu'à ce qu'ils soient tendres.
Ajoutez le bœuf haché et faites-le cuire jusqu'à ce qu'il soit bien doré.
Ajoutez la poudre de chili, le cumin, le paprika, l'origan, le sel et le poivre. Mélangez bien.
Fermez le couvercle et faites cuire en mode "Cuisson sous pression" pendant 5 minutes.
Ouvrez le couvercle et mélangez la préparation.
Réchauffez les tortillas de maïs selon les instructions du paquet.
Garnissez les tortillas de la préparation de bœuf haché et de légumes.
Servez les tacos mexicains chauds, accompagnés de salsa, de guacamole et de crème sure.

Moussaka grecque

Ingrédients : pour 4 personnes
- 500 g d'agneau haché (ou de bœuf haché) + 2 aubergines, coupées en tranches
- 2 pommes de terre, coupées en rondelles + 1 oignon, émincé
- 2 gousses d'ail, émincées + 400 g de tomates concassées
- 200 ml de bouillon de bœuf + 100 g de fromage râpé (cheddar ou parmesan)
- 50 g de chapelure + 3 cuillères à soupe d'huile d'olive
- 1 cuillère à café de cannelle moulue + 1 cuillère à café d'origan séché + Sel et poivre au goût

Préparation :
Préchauffez le Cookeo en mode "Dorer".
Faites revenir l'oignon et l'ail dans l'huile d'olive jusqu'à ce qu'ils soient tendres.
Ajoutez l'agneau haché et faites-le cuire jusqu'à ce qu'il soit bien doré.
Ajoutez les tomates concassées, le bouillon de bœuf, la cannelle, l'origan, le sel et le poivre. Mélangez bien.
Fermez le couvercle et faites cuire en mode "Cuisson sous pression" pendant 10 minutes.
Ouvrez le couvercle et mélangez la préparation.
Préchauffez le four à 180°C. Dans un plat allant au four, disposez une couche d'aubergines et une couche de pommes de terre. Versez la moitié de la préparation à l'agneau sur les légumes. Répétez l'opération avec une deuxième couche de légumes et le reste de la préparation.
Saupoudrez de fromage râpé et de chapelure.
Enfournez la moussaka et faites cuire pendant 45 minutes, jusqu'à ce que le dessus soit bien doré.
Servez la moussaka chaude, accompagnée d'une salade grecque.

Bobotie sud-africain

Ingrédients : pour 4 personnes
- 500 g de viande hachée (agneau ou bœuf) + 2 tranches de pain de mie
- 2 œufs + 1 oignon, émincé + 2 gousses d'ail, émincées
- 2 cuillères à soupe de curry en poudre + 1 cuillère à soupe de vinaigre blanc
- 1 cuillère à soupe de sucre brun + 250 ml de lait + 50 g de raisins secs
- 50 g d'amandes effilées + Sel et poivre au goût

Préparation :
Préchauffez le Cookeo en mode "Dorer". Faites tremper le pain de mie dans le lait.
Dans un bol, battez les œufs. Faites revenir l'oignon et l'ail dans le Cookeo jusqu'à ce qu'ils soient tendres.
Ajoutez la viande hachée et faites-la cuire jusqu'à ce qu'elle soit bien dorée.
Ajoutez le curry en poudre, le vinaigre, le sucre brun, le sel et le poivre. Mélangez bien.
Pressez le pain de mie pour enlever l'excès de lait, puis ajoutez-le à la préparation à la viande.
Ajoutez les raisins secs et les amandes effilées. Mélangez bien.
Versez la préparation dans un plat allant au four. Versez les œufs battus sur le dessus.
Enfournez le bobotie et faites cuire pendant environ 30 minutes, jusqu'à ce qu'il soit bien doré.
Servez le bobotie chaud, accompagné de riz et de chutney.

Couscous marocain

Ingrédients : pour 4 personnes

- 500 g de semoule de couscous
- 400 g de viande d'agneau (ou de bœuf), coupée en morceaux
- 2 carottes, coupées en rondelles + 2 courgettes, coupées en rondelles
- 2 navets, coupés en cubes + 1 oignon, émincé + 2 gousses d'ail, émincées
- 400 g de tomates concassées + 250 ml de bouillon de volaille
- 2 cuillères à soupe d'huile d'olive + 2 cuillères à café de ras-el-hanout
- 1 cuillère à café de curcuma + 1 cuillère à café de cumin moulu
- 1 cuillère à café de cannelle moulue + Sel et poivre au goût

Préparation :

Préchauffez le Cookeo en mode "Dorer".
Faites revenir l'oignon et l'ail dans l'huile d'olive jusqu'à ce qu'ils soient tendres.
Ajoutez la viande d'agneau et faites-la cuire jusqu'à ce qu'elle soit bien dorée.
Ajoutez les carottes, les courgettes, les navets, les tomates concassées, le bouillon de volaille, le ras-el-hanout, le curcuma, le cumin, la cannelle, le sel et le poivre. Mélangez bien.
Fermez le couvercle et faites cuire en mode "Cuisson sous pression" pendant 20 minutes.
Ouvrez le couvercle et retirez la viande. Réservez-la.
Ajoutez la semoule de couscous dans la cuve, en suivant les instructions du paquet.
Remettez la viande dans la cuve et mélangez bien.
Servez le couscous marocain chaud, accompagné de légumes et de viande.

Sushi

Ingrédients : pour 4 personnes

- 400 g de riz à sushi + 4 feuilles de nori + 300 g de poisson cru (thon, saumon, crevettes), coupé en tranches
- 1 concombre, coupé en lanières + 1 avocat, coupé en lanières + Wasabi et sauce soja pour servir

Préparation :

Préchauffez le Cookeo en mode "Cuisson rapide". Rincez le riz à sushi à l'eau froide jusqu'à ce que l'eau soit claire. Ajoutez le riz et la quantité d'eau recommandée dans la cuve du Cookeo.
Fermez le couvercle et faites cuire selon les instructions du riz à sushi. Une fois le riz cuit, laissez-le refroidir légèrement. Placez une feuille de nori sur une natte de bambou. Humidifiez vos mains avec de l'eau et prenez une poignée de riz. Étalez le riz sur la moitié inférieure de la feuille de nori.
Ajoutez les tranches de poisson, les lanières de concombre et d'avocat sur le riz.
Roulez la natte de bambou en serrant doucement pour former le sushi.
Répétez les étapes précédentes pour les autres feuilles de nori et ingrédients.
Coupez les rouleaux de sushi en tranches épaisses.
Servez les sushis avec du wasabi et de la sauce soja.

Tikka masala indien

Ingrédients : pour 4 personnes

- 500 g de poulet, coupé en morceaux + 1 oignon, émincé + 2 gousses d'ail, émincées
- 2 cm de gingembre frais, râpé + 400 ml de tomates concassées
- 200 ml de crème fraîche + 2 cuillères à soupe de pâte de curry tikka masala
- 2 cuillères à soupe d'huile végétale + 2 cuillères à café de garam masala
- 1 cuillère à café de curcuma + 1 cuillère à café de cumin moulu
- Sel et poivre au goût

Préparation :

Préchauffez le Cookeo en mode "Dorer".
Faites revenir l'oignon, l'ail et le gingembre dans l'huile végétale jusqu'à ce qu'ils soient tendres.
Ajoutez les morceaux de poulet et faites-les dorer de tous les côtés.
Ajoutez la pâte de curry tikka masala, le garam masala, le curcuma, le cumin, le sel et le poivre.
Mélangez bien. Versez les tomates concassées dans la cuve. Mélangez.
Fermez le couvercle et faites cuire en mode "Cuisson sous pression" pendant 10 minutes.
Ouvrez le couvercle et ajoutez la crème fraîche. Mélangez bien.
Servez le tikka masala chaud, accompagné de riz basmati.

Feijoada brésilienne

Ingrédients : pour 4 personnes

- 500 g de haricots noirs, trempés pendant la nuit
- 500 g de porc (jarret, poitrine fumée, saucisses), coupé en morceaux
- 1 oignon, émincé + 2 gousses d'ail, émincées + 2 feuilles de laurier
- 2 cuillères à soupe d'huile végétale + 2 cuillères à soupe de farine de manioc (ou de farine de maïs) + Sel et poivre au goût

Préparation :

Préchauffez le Cookeo en mode "Dorer".
Faites revenir l'oignon et l'ail dans l'huile végétale jusqu'à ce qu'ils soient tendres.
Ajoutez les morceaux de porc et faites-les dorer de tous les côtés.
Ajoutez les haricots noirs, les feuilles de laurier, le sel, le poivre et suffisamment d'eau pour couvrir les ingrédients.
Fermez le couvercle et faites cuire en mode "Cuisson sous pression" pendant 30 minutes.
Ouvrez le couvercle et ajoutez la farine de manioc. Mélangez bien.
Fermez le couvercle et faites cuire en mode "Cuisson sous pression" pendant 10 minutes.
Servez la feijoada chaude, accompagnée de riz blanc, de farofa (farine de manioc grillée) et de couve (chou vert sauté).

Moussaka turque

Ingrédients : pour 4 personnes

- 500 g d'aubergines, coupées en rondelles + 500 g de pommes de terre, coupées en rondelles + 500 g de viande hachée (agneau ou bœuf)
- 2 oignons, émincés + 2 gousses d'ail, émincées + 400 g de tomates concassées
- 200 ml de bouillon de volaille + 200 ml de lait
- 100 g de fromage râpé (cheddar ou mozzarella) + 2 cuillères à soupe d'huile d'olive
- 1 cuillère à soupe de concentré de tomates + 1 cuillère à café de cannelle moulue
- Sel et poivre au goût

Préparation :

Préchauffez le Cookeo en mode "Dorer".
Faites revenir l'oignon et l'ail dans l'huile d'olive jusqu'à ce qu'ils soient tendres.
Ajoutez la viande hachée et faites-la cuire jusqu'à ce qu'elle soit bien dorée.
Ajoutez les tomates concassées, le concentré de tomates, le sel, le poivre, la cannelle et le bouillon de volaille. Mélangez bien. Fermez le couvercle et faites cuire en mode "Cuisson sous pression" pendant 10 minutes. Ouvrez le couvercle et ajoutez le lait. Mélangez bien.
Préchauffez le four à 180°C. Dans un plat allant au four, disposez une couche d'aubergines, une couche de pommes de terre et une couche de la préparation à la viande.
Répétez les couches jusqu'à épuisement des ingrédients, en terminant par une couche de pommes de terre. Saupoudrez de fromage râpé. Enfournez la moussaka et faites cuire pendant 45 minutes, jusqu'à ce qu'elle soit bien dorée. Servez la moussaka turque chaude, accompagnée d'une salade.

Ceviche péruvien

Ingrédients : pour 4 personnes

- 500 g de poisson blanc (cabillaud, bar, dorade), coupé en dés
- 2 citrons verts, pressés + 1 oignon rouge, émincé + 1 piment rouge, émincé
- 1 gousse d'ail, émincée + 1 bouquet de coriandre, haché
- 1 avocat, coupé en dés + Sel et poivre au goût

Préparation :

Dans un récipient, mélangez le poisson, le jus de citron vert, l'oignon rouge, le piment rouge, l'ail, le sel et le poivre.
Réservez au réfrigérateur et laissez mariner pendant environ 30 minutes, jusqu'à ce que le poisson soit "cuit" dans le jus de citron.
Ajoutez la coriandre et l'avocat. Mélangez délicatement.
Servez le ceviche péruvien frais, accompagné de chips de maïs ou de tranches de pain.

Massaman curry thaïlandais

Ingrédients : pour 4 personnes
- 500 g de bœuf (jarret, rumsteak), coupé en morceaux
- 400 ml de lait de coco + 2 pommes de terre, coupées en cubes
- 1 oignon, émincé + 2 gousses d'ail, émincées
- 2 cuillères à soupe de pâte de curry massaman + 2 cuillères à soupe de cacahuètes concassées + 2 cuillères à soupe d'huile végétale
- 1 cuillère à soupe de sucre brun + 1 cuillère à soupe de sauce de poisson (nam pla)
- 1 cuillère à café de curcuma + 1 cuillère à café de cumin moulu
- Sel et poivre au goût

Préparation :
Préchauffez le Cookeo en mode "Dorer".
Faites revenir l'oignon et l'ail dans l'huile végétale jusqu'à ce qu'ils soient tendres.
Ajoutez les morceaux de bœuf et faites-les dorer de tous les côtés.
Ajoutez la pâte de curry massaman, le curcuma, le cumin, le sel et le poivre. Mélangez bien.
Versez le lait de coco dans la cuve. Mélangez.
Fermez le couvercle et faites cuire en mode "Cuisson sous pression" pendant 30 minutes.
Ouvrez le couvercle et ajoutez les pommes de terre, les cacahuètes concassées, le sucre brun et la sauce de poisson. Mélangez bien. Servez le massaman curry chaud, accompagné de riz thaï.

Goulash hongrois

Ingrédients : pour 4 personnes
- 500 g de bœuf (gîte à la noix, paleron), coupé en cubes + 2 oignons, émincés
- 2 gousses d'ail, émincées + 2 poivrons rouges, coupés en lanières
- 2 cuillères à soupe de paprika doux + 1 cuillère à soupe de paprika fort
- 1 cuillère à soupe de concentré de tomates + 1 cuillère à soupe de farine
- 400 ml de bouillon de bœuf + 200 ml de crème fraîche
- 2 cuillères à soupe d'huile végétale + Sel et poivre au goût

Préparation :
Préchauffez le Cookeo en mode "Dorer".
Faites revenir les oignons et l'ail dans l'huile végétale jusqu'à ce qu'ils soient tendres.
Ajoutez les cubes de bœuf et faites-les dorer de tous les côtés.
Ajoutez le paprika doux, le paprika fort, le concentré de tomates, le sel et le poivre. Mélangez bien.
Saupoudrez de farine et mélangez à nouveau.
Versez le bouillon de bœuf dans la cuve. Mélangez.
Fermez le couvercle et faites cuire en mode "Cuisson sous pression" pendant 40 minutes.
Ouvrez le couvercle et ajoutez les poivrons rouges et la crème fraîche. Mélangez bien.
Servez le goulash hongrois chaud, accompagné de pommes de terre ou de spaetzle.

Bibimbap coréen

Ingrédients : pour 4 personnes
- 300 g de riz japonais + 300 g de bœuf (entrecôte, filet mignon), coupé en fines tranches
- 2 carottes, coupées en julienne + 2 courgettes, coupées en julienne
- 2 œufs + 200 g de pousses de soja + 200 g de champignons shiitake, tranchés
- 4 cuillères à soupe de sauce soja + 2 cuillères à soupe de graines de sésame
- 2 cuillères à soupe d'huile de sésame + 2 cuillères à soupe d'huile végétale
- Sel et poivre au goût

Préparation :
Faites cuire le riz japonais selon les instructions du paquet.
Dans une poêle, faites revenir les carottes et les courgettes dans l'huile végétale jusqu'à ce qu'elles soient tendres. Réservez.
Dans la même poêle, faites revenir les champignons shiitake jusqu'à ce qu'ils soient dorés. Réservez.
Dans un bol, mélangez le bœuf avec la sauce soja, l'huile de sésame, le sel et le poivre.
Dans une poêle, faites cuire le bœuf mariné jusqu'à ce qu'il soit bien cuit.
Dans une petite poêle, faites cuire les œufs au plat.
Dans des bols individuels, disposez une portion de riz. Ajoutez les légumes sautés, les champignons shiitake, le bœuf et l'œuf au plat.
Saupoudrez de graines de sésame.
Servez le bibimbap coréen chaud, en mélangeant tous les ingrédients avant de déguster.

Rendang indonésien

Ingrédients : pour 4 personnes
- 500 g de bœuf (gîte à la noix, paleron), coupé en cubes + 400 ml de lait de coco
- 2 oignons, émincés + 4 gousses d'ail, émincées + 2 piments rouges, émincés
- 2 cm de gingembre frais, râpé + 2 cm de galanga (ou de gingembre), râpé
- 2 bâtons de citronnelle, coupés en tronçons + 2 feuilles de laurier
- 2 cuillères à soupe de tamarin concentré + 2 cuillères à soupe d'huile végétale
- 1 cuillère à soupe de sucre brun + 1 cuillère à soupe de poudre de coriandre
- 1 cuillère à café de poudre de curcuma + Sel au goût

Préparation :
Préchauffez le Cookeo en mode "Dorer". Faites revenir les oignons, l'ail, les piments, le gingembre et le galanga dans l'huile végétale jusqu'à ce qu'ils soient tendres. Ajoutez les cubes de bœuf et faites-les dorer de tous les côtés. Ajoutez la poudre de coriandre, le curcuma, le sucre brun, le sel, le lait de coco, le tamarin concentré, la citronnelle et les feuilles de laurier. Mélangez bien.
Fermez le couvercle et faites cuire en mode "Cuisson sous pression" pendant 60 minutes.
Ouvrez le couvercle et laissez mijoter à découvert jusqu'à ce que la sauce réduise et épaississe.
Servez le rendang indonésien chaud, accompagné de riz basmati.

Chiles en nogada mexicains

Ingrédients : pour 4 personnes
- 6 piments poblano + 500 g de viande de porc hachée+1 oignon, émincé + 2 gousses d'ail, émincées
- 100 g de raisins secs + 100 g d'amandes effilées + 100 g de noix, hachées
- 100 g de fromage de chèvre + 1 pomme, coupée en dés + 1 poire, coupée en dés
- 1 pêche, coupée en dés + 200 ml de crème fraîche +2 cuillères à soupe de sucre brun
- 2 cuillères à soupe de beurre + 1 cuillère à soupe de farine + Sel et poivre au goût

Préparation :
Préchauffez le Cookeo en mode "Dorer".
Faites griller les piments poblano directement sur les flammes de cuisinière jusqu'à ce qu'ils soient noircis.
Placez-les dans un sac en plastique et laissez-les refroidir. Enlevez la peau noircie et les graines.
Faites revenir l'oignon et l'ail dans le beurre jusqu'à ce qu'ils soient tendres.
Ajoutez la viande de porc hachée et faites-la cuire jusqu'à ce qu'elle soit bien dorée.
Ajoutez les raisins secs, les amandes effilées, les noix, le fromage de chèvre et les dés de pomme, de poire et de pêche. Mélangez bien. Farcissez les piments poblano avec la préparation à la viande.
Dans le Cookeo, préparez une sauce en faisant fondre le beurre, en ajoutant la farine et en faisant cuire pendant quelques minutes. Ajoutez la crème fraîche, le sucre brun, le sel et le poivre. Mélangez jusqu'à ce que la sauce épaississe. Nappez les piments farcis de la sauce.
Servez les chiles en nogada chauds, accompagnés de riz mexicain.

Paella végétarienne

Ingrédients : pour 4 personnes
- 2 tasses de riz à paella + 1 poivron rouge, coupé en lanières
- 1 poivron vert, coupé en lanières + 1 oignon, émincé + 2 gousses d'ail, émincées
- 200 g de haricots verts, coupés en tronçons + 200 g de petits pois
- 200 g de champignons, tranchés + 400 g de tomates concassées
- 500 ml de bouillon de légumes + 2 cuillères à soupe d'huile d'olive
- 2 cuillères à café de paprika doux + 1 cuillère à café de curcuma
- 1 cuillère à café de safran en poudre + Sel et poivre au goût

Préparation :
Préchauffez le Cookeo en mode "Dorer".
Faites revenir l'oignon et l'ail dans l'huile d'olive jusqu'à ce qu'ils soient tendres.
Ajoutez les poivrons, les haricots verts et les champignons. Faites cuire pendant quelques minutes.
Ajoutez le riz à paella, le paprika doux, le curcuma, le safran, le sel et le poivre. Mélangez bien.
Versez les tomates concassées et le bouillon de légumes dans la cuve. Mélangez.
Fermez le couvercle et faites cuire en mode "Cuisson sous pression" pendant 8 minutes.
Ouvrez le couvercle et ajoutez les petits pois. Mélangez bien.
Laissez reposer la paella pendant quelques minutes avant de servir.

Pad thaï thaïlandais

Ingrédients : pour 4 personnes
- 200 g de nouilles de riz + 200 g de crevettes décortiquées + 2 œufs
- 1 oignon, émincé + 2 gousses d'ail, émincées + 100 g de germes de soja
- 50 g de cacahuètes concassées + 2 cuillères à soupe de sauce soja
- 1 cuillère à soupe de sucre brun + 1 cuillère à soupe de vinaigre de riz
- 1 cuillère à soupe d'huile végétale + Jus de citron vert et coriandre pour servir
- Sel et poivre au goût

Préparation :
Faites cuire les nouilles de riz selon les instructions du paquet. Égouttez-les et réservez.
Dans une poêle, faites revenir l'oignon et l'ail dans l'huile végétale jusqu'à ce qu'ils soient tendres.
Ajoutez les crevettes et faites-les cuire jusqu'à ce qu'elles soient roses.
Poussez les crevettes sur le côté de la poêle et cassez les œufs dans l'autre moitié de la poêle. Mélangez les œufs jusqu'à ce qu'ils soient brouillés.
Ajoutez les nouilles de riz, les germes de soja, les cacahuètes concassées, la sauce soja, le sucre brun, le vinaigre de riz, le sel et le poivre. Mélangez bien.
Faites cuire le pad thaï pendant quelques minutes, jusqu'à ce que tous les ingrédients soient bien mélangés et chauds. Servez le pad thaï chaud, accompagné de jus de citron vert et de coriandre fraîche.

Empanadas argentines

Ingrédients : pour 4 personnes
- 500 g de pâte brisée + 300 g de viande hachée (bœuf ou poulet)
- 1 oignon, émincé + 1 poivron rouge, coupé en petits dés
- 2 cuillères à soupe d'huile végétale + 2 cuillères à café de paprika doux
- 1 cuillère à café de cumin moulu + 1 cuillère à café d'origan séché
- Sel et poivre au goût + 1 œuf, battu (pour la dorure)

Préparation :
Préchauffez le Cookeo en mode "Dorer".
Faites revenir l'oignon et le poivron dans l'huile végétale jusqu'à ce qu'ils soient tendres.
Ajoutez la viande hachée et faites-la cuire jusqu'à ce qu'elle soit bien dorée.
Ajoutez le paprika, le cumin, l'origan, le sel et le poivre. Mélangez bien.
Laissez refroidir légèrement la préparation.
Étalez la pâte brisée et découpez des cercles d'environ 10 cm de diamètre.
Déposez une cuillère à soupe de garniture au centre de chaque cercle.
Repliez la pâte en demi-cercle et scellez les bords en appuyant avec une fourchette.
Badigeonnez les empanadas avec l'œuf battu.
Préchauffez le Cookeo en mode "Cuisson rapide" et faites cuire les empanadas pendant environ 10 minutes, jusqu'à ce qu'ils soient dorés.

Légumes vapeur

Brocoli vapeur

Ingrédients : pour 4 personnes

- 1 tête de brocoli
- Sel et poivre au goût

Préparation :

Détachez les fleurettes du brocoli et coupez-les en morceaux.

Placez-les dans le panier vapeur du Cookeo.

Ajoutez un peu d'eau dans la cuve du Cookeo.

Fermez le couvercle et faites cuire en mode "Cuisson sous pression" pendant 3 minutes.

Ouvrez le couvercle et assaisonnez les brocolis avec du sel et du poivre. Servez chaud.

Carottes vapeur à l'ail et au persil

Ingrédients : pour 4 personnes

- 4 carottes, coupées en rondelles
- 2 gousses d'ail, émincées
- Persil frais, haché
- Sel et poivre au goût

Préparation :

Placez les rondelles de carottes dans le panier vapeur du Cookeo.
Ajoutez un peu d'eau dans la cuve du Cookeo.
Fermez le couvercle et faites cuire en mode "Cuisson sous pression" pendant 4 minutes.
Ouvrez le couvercle et transférez les carottes dans un plat de service.
Dans une poêle, faites revenir l'ail dans un peu d'huile d'olive.
Ajoutez les carottes cuites dans la poêle et mélangez bien.
Assaisonnez avec du persil frais, du sel et du poivre. Servez chaud.

Haricots verts vapeur à la sauce soja

Ingrédients : pour 4 personnes

- 500 g de haricots verts, équeutés
- 2 cuillères à soupe de sauce soja
- 1 cuillère à soupe d'huile de sésame
- Graines de sésame pour garnir

Préparation :

Placez les haricots verts dans le panier vapeur du Cookeo.
Ajoutez un peu d'eau dans la cuve du Cookeo.
Fermez le couvercle et faites cuire en mode "Cuisson sous pression" pendant 2 minutes.
Ouvrez le couvercle et transférez les haricots verts dans un plat de service.
Dans un bol, mélangez la sauce soja et l'huile de sésame.
Versez la sauce sur les haricots verts et mélangez délicatement.
Saupoudrez de graines de sésame pour garnir. Servez chaud.

Courgettes vapeur à la menthe et au citron

Ingrédients : pour 4 personnes

- 2 courgettes, coupées en rondelles
- Quelques feuilles de menthe fraîche, hachées
- Jus de citron
- Sel et poivre au goût

Préparation :

Placez les rondelles de courgettes dans le panier vapeur du Cookeo.
Ajoutez un peu d'eau dans la cuve du Cookeo.
Fermez le couvercle et faites cuire en mode "Cuisson sous pression" pendant 3 minutes.
Ouvrez le couvercle et transférez les courgettes dans un plat de service.
Ajoutez la menthe fraîche, le jus de citron, le sel et le poivre.
Mélangez délicatement. Servez chaud.

Poireaux vapeur à la vinaigrette

Ingrédients : pour 4 personnes

- 4 poireaux, coupés en tronçons
- 2 cuillères à soupe de vinaigrette de votre choix
- Sel et poivre au goût

Préparation :

Placez les tronçons de poireaux dans le panier vapeur du Cookeo.
Ajoutez un peu d'eau dans la cuve du Cookeo.
Fermez le couvercle et faites cuire en mode "Cuisson sous pression" pendant 3 minutes.
Ouvrez le couvercle et transférez les poireaux dans un plat de service.
Arrosez-les de vinaigrette, salez et poivrez selon votre goût.
Mélangez délicatement. Servez chaud.

Navets vapeur à la sauce tahini

Ingrédients : pour 4 personnes
- 4 navets, coupés en cubes
- 2 cuillères à soupe de tahini (pâte de sésame)
- Jus de citron
- Sel et poivre au goût

Préparation :

Placez les cubes de navets dans le panier vapeur du Cookeo.
Ajoutez un peu d'eau dans la cuve du Cookeo.
Fermez le couvercle et faites cuire en mode "Cuisson sous pression" pendant 4 minutes.
Ouvrez le couvercle et transférez les navets dans un plat de service.
Dans un bol, mélangez le tahini, le jus de citron, le sel et le poivre.
Versez la sauce sur les navets et mélangez délicatement. Servez chaud.

Artichauts vapeur au beurre à l'ail

Ingrédients : pour 4 personnes
- 4 artichauts, coupés en quartiers + 2 cuillères à soupe de beurre
- 2 gousses d'ail, émincées + Jus de citron + Sel et poivre au goût

Préparation :

Placez les quartiers d'artichauts dans le panier vapeur du Cookeo.
Ajoutez un peu d'eau dans la cuve du Cookeo.
Fermez le couvercle et faites cuire en mode "Cuisson sous pression" pendant 6 minutes.
Ouvrez le couvercle et transférez les artichauts dans un plat de service.

Dans une poêle, faites fondre le beurre et ajoutez l'ail émincé.
Faites revenir l'ail jusqu'à ce qu'il soit doré.
Arrosez les artichauts avec le beurre à l'ail, ajoutez du jus de citron, du sel et du poivre selon votre goût. Servez chaud.

Poivrons vapeur farcis aux légumes

Ingrédients : pour 4 personnes
- 4 poivrons, coupés en deux et épépinés + 1 courgette, coupée en petits dés
- 1 carotte, coupée en petits dés + 1 oignon, émincé
- 2 gousses d'ail, émincées + 200 g de champignons, tranchés
- 2 cuillères à soupe d'huile d'olive + Herbes de Provence + Sel et poivre au goût

Préparation :
Placez les demi-poivrons dans le panier vapeur du Cookeo.
Ajoutez un peu d'eau dans la cuve du Cookeo.
Fermez le couvercle et faites cuire en mode "Cuisson sous pression" pendant 4 minutes.
Ouvrez le couvercle et transférez les poivrons dans un plat de service.
Dans une poêle, faites revenir l'oignon et l'ail dans l'huile d'olive jusqu'à ce qu'ils soient tendres.
Ajoutez les courgettes, les carottes et les champignons dans la poêle. Faites cuire jusqu'à ce que les légumes soient tendres. Assaisonnez avec des herbes de Provence, du sel et du poivre.
Remplissez les demi-poivrons avec la préparation aux légumes.
Réchauffez les poivrons farcis dans le Cookeo pendant quelques minutes. Servez chaud.

Fenouil vapeur à l'orange

Ingrédients : pour 4 personnes
- 2 bulbes de fenouil, coupés en quartiers
- Jus et zeste d'une orange
- Huile d'olive
- Sel et poivre au goût

Préparation :
Placez les quartiers de fenouil dans le panier vapeur du Cookeo.
Ajoutez un peu d'eau dans la cuve du Cookeo.
Fermez le couvercle et faites cuire en mode "Cuisson sous pression" pendant 3 minutes.
Ouvrez le couvercle et transférez les fenouils dans un plat de service.
Dans un bol, mélangez le jus et le zeste d'orange avec de l'huile d'olive, du sel et du poivre.
Versez la vinaigrette d'orange sur les fenouils. Servez chaud.

Patates douces vapeur à la cannelle

Ingrédients : pour 4 personnes
- 2 patates douces, coupées en cubes
- 1 cuillère à soupe de beurre
- 1 cuillère à café de cannelle en poudre
- Sel au goût

Préparation :
Placez les cubes de patates douces dans le panier vapeur du Cookeo.
Ajoutez un peu d'eau dans la cuve du Cookeo.
Fermez le couvercle et faites cuire en mode "Cuisson sous pression" pendant 5 minutes.
Ouvrez le couvercle et transférez les patates douces dans un plat de service.
Ajoutez le beurre et saupoudrez de cannelle et de sel.
Mélangez délicatement pour enrober les patates douces de beurre et de cannelle. Servez chaud.

Asperges vapeur au parmesan

Ingrédients : pour 4 personnes
- 500 g d'asperges, équeutées
- 2 cuillères à soupe de parmesan râpé
- Jus de citron
- Huile d'olive
- Sel et poivre au goût

Préparation :
Placez les asperges dans le panier vapeur du Cookeo.
Ajoutez un peu d'eau dans la cuve du Cookeo.
Fermez le couvercle et faites cuire en mode "Cuisson sous pression" pendant 2 minutes.
Ouvrez le couvercle et transférez les asperges dans un plat de service.
Arrosez-les de jus de citron, d'un filet d'huile d'olive, de sel et de poivre.
Saupoudrez de parmesan râpé. Servez chaud.

Pois mange-tout vapeur au gingembre

Ingrédients : pour 4 personnes
- 200 g de pois mange-tout
- 2 cm de gingembre frais, râpé
- 1 cuillère à soupe d'huile de sésame
- Graines de sésame pour garnir
- Sel au goût

Préparation :
Placez les pois mange-tout dans le panier vapeur du Cookeo.
Ajoutez un peu d'eau dans la cuve du Cookeo.
Fermez le couvercle et faites cuire en mode "Cuisson sous pression" pendant 1 minute.
Ouvrez le couvercle et transférez les pois mange-tout dans un plat de service.
Dans un bol, mélangez le gingembre râpé, l'huile de sésame et le sel.
Versez la sauce sur les pois mange-tout et mélangez délicatement.
Saupoudrez de graines de sésame pour garnir. Servez chaud.

Navets violets vapeur à la coriandre

Ingrédients : pour 4 personnes
- 4 navets violets, coupés en cubes
- Coriandre fraîche, hachée
- Jus de citron
- Sel et poivre au goût

Préparation :
Placez les cubes de navets violets dans le panier vapeur du Cookeo.
Ajoutez un peu d'eau dans la cuve du Cookeo.
Fermez le couvercle et faites cuire en mode "Cuisson sous pression" pendant 4 minutes.
Ouvrez le couvercle et transférez les navets violets dans un plat de service.
Ajoutez la coriandre fraîche, le jus de citron, le sel et le poivre.
Mélangez délicatement. Servez chaud.

Chou-fleur vapeur à la noisette

Ingrédients : pour 4 personnes
- 1 tête de chou-fleur, coupée en fleurettes
- 2 cuillères à soupe de noisettes concassées
- 1 cuillère à soupe de beurre
- Sel et poivre au goût

Préparation :
Placez les fleurettes de chou-fleur dans le panier vapeur du Cookeo.
Ajoutez un peu d'eau dans la cuve du Cookeo.
Fermez le couvercle et faites cuire en mode "Cuisson sous pression" pendant 3 minutes.
Ouvrez le couvercle et transférez les fleurettes de chou-fleur dans un plat de service.
Dans une poêle, faites fondre le beurre et ajoutez les noisettes concassées.
Faites revenir les noisettes jusqu'à ce qu'elles soient dorées.
Arrosez le chou-fleur de beurre aux noisettes, salez et poivrez selon votre goût. Servez chaud.

Potiron vapeur à la cannelle

Ingrédients : pour 4 personnes
- 500 g de potiron, coupé en cubes
- 1 cuillère à café de cannelle en poudre
- 1 cuillère à soupe de miel
- Sel au goût

Préparation :
Placez les cubes de potiron dans le panier vapeur du Cookeo.
Ajoutez un peu d'eau dans la cuve du Cookeo.
Fermez le couvercle et faites cuire en mode "Cuisson sous pression" pendant 5 minutes.
Ouvrez le couvercle et transférez les cubes de potiron dans un plat de service.
Saupoudrez de cannelle, versez le miel et ajoutez du sel selon votre goût.
Mélangez délicatement pour enrober les cubes de potiron. Servez chaud.

Haricots blancs vapeur à l'ail et au romarin

Ingrédients : pour 4 personnes
400 g de haricots blancs cuits (en conserve)
3 gousses d'ail, émincées + 2 branches de romarin frais
Huile d'olive
Sel et poivre au goût

Préparation :
Placez les haricots blancs dans le panier vapeur du Cookeo.
Ajoutez un peu d'eau dans la cuve du Cookeo.
Fermez le couvercle et faites cuire en mode "Cuisson sous pression" pendant 2 minutes.
Ouvrez le couvercle et transférez les haricots blancs dans un plat de service.
Dans une poêle, faites revenir l'ail dans un peu d'huile d'olive jusqu'à ce qu'il soit doré.
Ajoutez les branches de romarin et faites revenir pendant quelques instants.
Versez le mélange d'ail et de romarin sur les haricots blancs.
Assaisonnez avec du sel et du poivre. Servez chaud.

Courge butternut vapeur à la muscade

Ingrédients : pour 4 personnes
- 1 courge butternut, coupée en cubes
- 1 cuillère à café de muscade en poudre
- 1 cuillère à soupe d'huile d'olive
- Sel et poivre au goût

Préparation :
Placez les cubes de courge butternut dans le panier vapeur du Cookeo.
Ajoutez un peu d'eau dans la cuve du Cookeo.
Fermez le couvercle et faites cuire en mode "Cuisson sous pression" pendant 5 minutes.
Ouvrez le couvercle et transférez les cubes de courge butternut dans un plat de service.
Ajoutez la muscade en poudre, l'huile d'olive, le sel et le poivre.
Mélangez délicatement pour enrober les cubes de courge. Servez chaud.

Poireaux vapeur à la crème de moutarde

Ingrédients : pour 4 personnes
- 4 poireaux, coupés en tronçons
- 2 cuillères à soupe de crème fraîche
- 1 cuillère à soupe de moutarde
- Sel et poivre au goût

Préparation :
Placez les tronçons de poireaux dans le panier vapeur du Cookeo.
Ajoutez un peu d'eau dans la cuve du Cookeo.
Fermez le couvercle et faites cuire en mode "Cuisson sous pression" pendant 4 minutes.
Ouvrez le couvercle et transférez les poireaux dans un plat de service.
Dans un bol, mélangez la crème fraîche, la moutarde, le sel et le poivre.
Versez la sauce à la moutarde sur les poireaux. Servez chaud.

Navets jaunes vapeur à la coriandre et au citron vert

Ingrédients : pour 4 personnes
- 4 navets jaunes, coupés en cubes + Coriandre fraîche, hachée
- Zeste de citron vert + Jus de citron vert
- Huile d'olive + Sel et poivre au goût

Préparation :
Placez les cubes de navets jaunes dans le panier vapeur du Cookeo.
Ajoutez un peu d'eau dans la cuve du Cookeo.
Fermez le couvercle et faites cuire en mode "Cuisson sous pression" pendant 4 minutes.
Ouvrez le couvercle et transférez les cubes de navets jaunes dans un plat de service.
Ajoutez la coriandre fraîche, le zeste et le jus de citron vert, l'huile d'olive, le sel et le poivre. Mélangez délicatement. Servez chaud.

Pommes de terre vapeur à l'ail et au thym

Ingrédients : pour 4 personnes
- 4 pommes de terre, coupées en cubes + 3 gousses d'ail, émincées
- Quelques brins de thym frais + Huile d'olive + Sel et poivre au goût

Préparation :

Placez les cubes de pommes de terre dans le panier vapeur du Cookeo.
Ajoutez un peu d'eau dans la cuve du Cookeo.
Fermez le couvercle et faites cuire en mode "Cuisson sous pression" pendant 5 minutes.
Ouvrez le couvercle et transférez les cubes de pommes de terre dans un plat de service.
Dans une poêle, faites revenir l'ail dans un peu d'huile d'olive jusqu'à ce qu'il soit doré.
Ajoutez les brins de thym frais et faites revenir pendant quelques instants.
Versez le mélange d'ail et de thym sur les pommes de terre.
Assaisonnez avec du sel et du poivre. Servez chaud.

Desserts

Fondant au chocolat

Ingrédients : pour 4 personnes
- 200 g de chocolat noir + 150 g de beurre
- 150 g de sucre + 4 œufs + 80 g de farine

Préparation :
Faites fondre le chocolat et le beurre dans un bol au micro-ondes ou au bain-marie.
Dans un autre bol, fouettez les œufs et le sucre jusqu'à obtenir un mélange mousseux.
Ajoutez le mélange de chocolat fondu aux œufs et mélangez bien.
Incorporez la farine et mélangez jusqu'à obtenir une pâte lisse.
Versez la pâte dans un moule compatible avec le Cookeo.
Fermez le Cookeo et programmez-le en mode "Cuisson sous pression" pendant 10 minutes. Une fois la cuisson terminée, laissez le Cookeo dépressuriser naturellement.
Laissez refroidir le fondant avant de le démouler. Servez-le tiède ou froid.

Crème brûlée

Ingrédients : pour 4 personnes
- 500 ml de crème liquide + 100 g de sucre
- 6 jaunes d'œufs + 1 cuillère à café d'extrait de vanille
- Sucre cassonade pour caraméliser

Préparation :
Dans un bol, mélangez les jaunes d'œufs et le sucre jusqu'à obtenir un mélange homogène. Ajoutez la crème liquide et l'extrait de vanille. Mélangez bien.
Versez la préparation dans des ramequins adaptés au Cookeo.
Placez les ramequins dans le panier vapeur du Cookeo.
Ajoutez de l'eau dans la cuve du Cookeo jusqu'à atteindre la moitié de la hauteur des ramequins.
Fermez le Cookeo et programmez-le en mode "Cuisson sous pression" pendant 8 minutes. Une fois la cuisson terminée, laissez le Cookeo dépressuriser naturellement.
Réfrigérez les crèmes brûlées pendant au moins 2 heures.
Juste avant de servir, saupoudrez une fine couche de sucre cassonade sur chaque crème brûlée et caramélisez-la avec un chalumeau de cuisine.

Tarte aux pommes

Ingrédients : pour 4 personnes
- 1 pâte feuilletée + 3 à 4 pommes, pelées et coupées en tranches fines
- 50 g de sucre + 1 cuillère à soupe de cannelle en poudre
- 1 cuillère à soupe de jus de citron
- 20 g de beurre, coupé en petits morceaux

Préparation :
Déroulez la pâte feuilletée et placez-la dans un moule compatible avec le Cookeo.
Dans un bol, mélangez les tranches de pommes avec le sucre, la cannelle et le jus de citron. Disposez les tranches de pommes sur la pâte feuilletée.
Parsemez de petits morceaux de beurre sur les pommes.
Fermez le Cookeo et programmez-le en mode "Cuisson sous pression" pendant 15 minutes. Une fois la cuisson terminée, laissez le Cookeo dépressuriser naturellement.
Retirez la tarte du Cookeo et laissez-la refroidir avant de la démouler. Servez-la tiède ou à température ambiante.

Crumble aux fruits rouges

Ingrédients : pour 4 personnes
- 500 g de fruits rouges (fraises, framboises, myrtilles, etc.)
- 100 g de sucre + 100 g de farine + 80 g de beurre froid, coupé en dés
- 50 g de flocons d'avoine + 1 cuillère à café de cannelle en poudre

Préparation :
Dans un bol, mélangez les fruits rouges avec 50 g de sucre.
Disposez les fruits rouges dans un plat compatible avec le Cookeo.
Dans un autre bol, mélangez la farine, le reste de sucre, le beurre coupé en dés, les flocons d'avoine et la cannelle. Effritez la pâte à crumble sur les fruits rouges.
Fermez le Cookeo et programmez-le en mode "Cuisson sous pression" pendant 10 minutes. Une fois la cuisson terminée, laissez le Cookeo dépressuriser naturellement.
Laissez refroidir légèrement le crumble avant de le servir. Accompagnez-le éventuellement d'une boule de glace à la vanille.

Moelleux au citron

Ingrédients : pour 4 personnes
- 200 g de farine + 150 g de sucre
- 100 g de beurre fondu + 3 œufs
- 1 citron (zeste + jus) + 1 sachet de levure chimique

Préparation :
Dans un bol, mélangez la farine, le sucre, la levure chimique et le zeste de citron.
Ajoutez le beurre fondu, le jus de citron et les œufs. Mélangez bien.
Versez la pâte dans un moule compatible avec le Cookeo.
Fermez le Cookeo et programmez-le en mode "Cuisson sous pression" pendant 10 minutes. Une fois la cuisson terminée, laissez le Cookeo dépressuriser naturellement.
Laissez refroidir légèrement le moelleux avant de le démouler. Servez-le tiède ou froid.

Pudding au caramel

Ingrédients : pour 4 personnes
- 100 g de sucre + 2 cuillères à soupe d'eau
- 500 ml de lait + 100 g de sucre
- 3 œufs + 1 cuillère à café d'extrait de vanille
- 4 tranches de pain rassis, coupées en cubes

Préparation :
Dans une casserole, faites fondre les 100 g de sucre avec l'eau jusqu'à obtenir un caramel doré.
Versez le caramel au fond du moule compatible avec le Cookeo.
Dans un bol, mélangez le lait, les 100 g de sucre, les œufs et l'extrait de vanille.
Ajoutez les cubes de pain dans le bol et mélangez pour les imbiber.
Versez le mélange de pain et de lait dans le moule, par-dessus le caramel.
Fermez le Cookeo et programmez-le en mode "Cuisson sous pression" pendant 15 minutes.
Une fois la cuisson terminée, laissez le Cookeo dépressuriser naturellement.
Laissez refroidir le pudding avant de le démouler. Servez-le tiède ou froid.

Crème aux œufs

Ingrédients : pour 4 personnes
- 500 ml de lait + 100 g de sucre
- 4 œufs + 1 cuillère à café d'extrait de vanille

Préparation :
Dans un bol, mélangez les œufs, le sucre et l'extrait de vanille jusqu'à obtenir un mélange homogène. Ajoutez le lait dans le bol et mélangez bien.
Versez la préparation dans des ramequins adaptés au Cookeo.
Placez les ramequins dans le panier vapeur du Cookeo.
Ajoutez de l'eau dans la cuve du Cookeo jusqu'à atteindre la moitié de la hauteur des ramequins.
Fermez le Cookeo et programmez-le en mode "Cuisson sous pression" pendant 10 minutes. Une fois la cuisson terminée, laissez le Cookeo dépressuriser naturellement.
Réfrigérez les crèmes aux œufs pendant au moins 2 heures.
Servez-les froides, éventuellement avec un peu de caramel liquide ou des fruits frais.

Gâteau au yaourt

Ingrédients : pour 4 personnes
- 1 yaourt nature + 3 pots de yaourt de farine
- 2 pots de yaourt de sucre + 1 pot de yaourt d'huile
- 3 œufs + 1 sachet de levure chimique

Préparation :
Dans un bol, mélangez tous les ingrédients jusqu'à obtenir une pâte lisse et homogène.
Versez la pâte dans un moule compatible avec le Cookeo.
Fermez le Cookeo et programmez-le en mode "Cuisson sous pression" pendant 25 minutes.
Une fois la cuisson terminée, laissez le Cookeo dépressuriser naturellement.
Laissez refroidir le gâteau avant de le démouler. Servez-le nature ou avec un glaçage de votre choix.

Riz au lait

Ingrédients : pour 4 personnes
- 200 g de riz rond + 1 litre de lait
- 100 g de sucre + 1 cuillère à café d'extrait de vanille

Préparation :
Dans un bol, mélangez le riz, le lait, le sucre et l'extrait de vanille.
Versez la préparation dans un moule compatible avec le Cookeo.
Fermez le Cookeo et programmez-le en mode "Cuisson sous pression" pendant 15 minutes.
Une fois la cuisson terminée, laissez le Cookeo dépressuriser naturellement.
Laissez refroidir le riz au lait avant de le servir, éventuellement saupoudré de cannelle ou accompagné de fruits frais.

Mousse au chocolat

Ingrédients : pour 4 personnes
- 200 g de chocolat noir + 4 œufs
- 40 g de sucre + 1 pincée de sel

Préparation :
Faites fondre le chocolat au bain-marie ou au micro-ondes.
Séparez les blancs des jaunes d'œufs.
Dans un bol, battez les jaunes d'œufs avec le sucre jusqu'à obtenir un mélange mousseux. Ajoutez le chocolat fondu aux jaunes d'œufs et mélangez bien.
Dans un autre bol, montez les blancs en neige avec une pincée de sel.
Incorporez délicatement les blancs en neige au mélange au chocolat.
Répartissez la mousse au chocolat dans des ramequins adaptés au Cookeo.
Placez les ramequins dans le panier vapeur du Cookeo.
Ajoutez de l'eau dans la cuve du Cookeo jusqu'à atteindre la moitié de la hauteur des ramequins. Fermez le Cookeo et programmez-le en mode "Cuisson sous pression" pendant 5 minutes.
Une fois la cuisson terminée, laissez le Cookeo dépressuriser naturellement.
Réfrigérez les mousses au chocolat pendant au moins 2 heures avant de les servir.

Clafoutis aux cerises

Ingrédients : pour 4 personnes

- 500 g de cerises dénoyautées
- 4 œufs + 100 g de farine
- 100 g de sucre + 250 ml de lait
- 1 cuillère à soupe de rhum (facultatif)
- Beurre pour le moule

Préparation :

Préchauffez le four à 180°C.
Beurrez un moule compatible avec le Cookeo et disposez-y les cerises dénoyautées.
Dans un bol, battez les œufs avec le sucre.
Ajoutez la farine, le lait et le rhum (si utilisé). Mélangez bien.
Versez la préparation sur les cerises dans le moule.
Fermez le Cookeo et programmez-le en mode "Cuisson sous pression" pendant 30 minutes. Une fois la cuisson terminée, laissez le Cookeo dépressuriser naturellement.
Laissez refroidir le clafoutis avant de le démouler. Servez-le tiède ou froid.

Tarte au citron meringuée

Ingrédients : pour 4 personnes

- 1 pâte sablée + 3 citrons + 150 g de sucre
- 3 œufs + 3 cuillères à soupe de maïzena
- 4 blancs d'œufs + 100 g de sucre glace

Préparation :

Préchauffez le four à 180°C.
Déroulez la pâte sablée dans un moule compatible avec le Cookeo.
Dans un bol, mélangez le jus des citrons avec le sucre, les œufs et la maïzena jusqu'à obtenir une crème lisse. Versez la crème au citron sur la pâte sablée.
Fermez le Cookeo et programmez-le en mode "Cuisson sous pression" pendant 15 minutes. Une fois la cuisson terminée, laissez le Cookeo dépressuriser naturellement.
Montez les blancs d'œufs en neige ferme en ajoutant progressivement le sucre glace.
Étalez les blancs d'œufs en neige sur la tarte au citron.
Enfournez la tarte pendant quelques minutes jusqu'à ce que la meringue soit légèrement dorée. Laissez refroidir la tarte avant de la servir.

Brownies

Ingrédients : pour 4 personnes
- 200 g de chocolat noir + 150 g de beurre
- 200 g de sucre + 3 œufs + 100 g de farine
- 50 g de noix concassées (facultatif)

Préparation :
Faites fondre le chocolat et le beurre dans un bol au micro-ondes ou au bain-marie.
Dans un autre bol, fouettez les œufs et le sucre jusqu'à obtenir un mélange mousseux.
Ajoutez le mélange de chocolat fondu aux œufs et mélangez bien.
Incorporez la farine et les noix concassées (si utilisées). Mélangez jusqu'à obtenir une pâte lisse. Versez la pâte dans un moule compatible avec le Cookeo.
Fermez le Cookeo et programmez-le en mode "Cuisson sous pression" pendant 10 minutes. Une fois la cuisson terminée, laissez le Cookeo dépressuriser naturellement.
Laissez refroidir les brownies avant de les découper en carrés.

Crème caramel

Ingrédients : pour 4 personnes
- 150 g de sucre + 4 œufs + 500 ml de lait
- 1 cuillère à café d'extrait de vanille

Préparation :
Dans une casserole, faites fondre 100 g de sucre jusqu'à obtenir un caramel doré.
Versez le caramel au fond d'un moule compatible avec le Cookeo.
Dans un bol, battez les œufs, le reste de sucre et l'extrait de vanille.
Ajoutez le lait dans le bol et mélangez bien.
Versez la préparation sur le caramel dans le moule.
Fermez le Cookeo et programmez-le en mode "Cuisson sous pression" pendant 15 minutes.
Une fois la cuisson terminée, laissez le Cookeo dépressuriser naturellement.
Laissez refroidir la crème caramel avant de la démouler. Servez-la bien froide.

Flan pâtissier

Ingrédients : pour 4 personnes

- 500 ml de lait + 100 g de sucre
- 4 œufs + 1 cuillère à café d'extrait de vanille
- 60 g de maïzena

Préparation :

Dans un bol, mélangez le sucre, les œufs, l'extrait de vanille et la maïzena jusqu'à obtenir un mélange homogène.
Ajoutez le lait dans le bol et mélangez bien.
Versez la préparation dans un moule compatible avec le Cookeo.
Fermez le Cookeo et programmez-le en mode "Cuisson sous pression" pendant 10 minutes.
Une fois la cuisson terminée, laissez le Cookeo dépressuriser naturellement.
Laissez refroidir le flan avant de le démouler. Servez-le bien frais.

Panna cotta

Ingrédients : pour 4 personnes

- 400 ml de crème liquide + 100 ml de lait
- 100 g de sucre + 2 feuilles de gélatine
- 1 cuillère à café d'extrait de vanille

Préparation :

Dans un bol d'eau froide, faites ramollir les feuilles de gélatine pendant environ 5 minutes.
Dans une casserole, faites chauffer la crème liquide, le lait et le sucre jusqu'à ce que le sucre soit dissous. Retirez la casserole du feu et ajoutez les feuilles de gélatine essorées.
Mélangez jusqu'à ce qu'elles soient complètement dissoutes.
Ajoutez l'extrait de vanille et mélangez bien.
Versez la préparation dans des ramequins adaptés au Cookeo.
Placez les ramequins dans le panier vapeur du Cookeo.
Ajoutez de l'eau dans la cuve du Cookeo jusqu'à atteindre la moitié de la hauteur des ramequins. Fermez le Cookeo et programmez-le en mode "Cuisson sous pression" pendant 5 minutes.
Une fois la cuisson terminée, laissez le Cookeo dépressuriser naturellement.
Réfrigérez les panna cotta pendant au moins 2 heures avant de les servir.

Tarte Tatin

Ingrédients : pour 4 personnes
- 6 à 8 pommes, pelées et coupées en quartiers
- 150 g de sucre + 50 g de beurre + 1 pâte brisée

Préparation :
Préchauffez le four à 180°C.
Dans un moule compatible avec le Cookeo, faites fondre le sucre avec le beurre jusqu'à obtenir un caramel doré.
Disposez les quartiers de pommes dans le moule sur le caramel.
Déroulez la pâte brisée sur les pommes, en rentrant les bords à l'intérieur du moule.
Fermez le Cookeo et programmez-le en mode "Cuisson sous pression" pendant 20 minutes.
Une fois la cuisson terminée, laissez le Cookeo dépressuriser naturellement.
Laissez refroidir la tarte Tatin avant de la démouler. Servez-la tiède ou à température ambiante.

Gâteau au yaourt et aux fruits

Ingrédients : pour 4 personnes
- 1 yaourt nature + 3 pots de yaourt de farine
- 2 pots de yaourt de sucre
- 1 pot de yaourt d'huile
- 3 œufs + 1 sachet de levure chimique
- Fruits au choix (fraises, framboises, etc.)

Préparation :
Dans un bol, mélangez tous les ingrédients jusqu'à obtenir une pâte lisse et homogène.
Versez la pâte dans un moule compatible avec le Cookeo.
Disposez les fruits sur la pâte, en les enfonçant légèrement.
Fermez le Cookeo et programmez-le en mode "Cuisson sous pression" pendant 25 minutes.
Une fois la cuisson terminée, laissez le Cookeo dépressuriser naturellement.
Laissez refroidir le gâteau avant de le démouler. Servez-le nature ou saupoudré de sucre glace.

Muffins aux myrtilles

Ingrédients : pour 4 personnes
- 200 g de farine + 100 g de sucre
- 1 sachet de levure chimique
- 1 pincée de sel + 2 œufs
- 100 ml de lait + 80 ml d'huile
- 150 g de myrtilles fraîches ou surgelées

Préparation :
Dans un bol, mélangez la farine, le sucre, la levure chimique et le sel.
Dans un autre bol, battez les œufs, le lait et l'huile.
Ajoutez le mélange d'œufs au mélange de farine et mélangez jusqu'à obtenir une pâte lisse. Incorporez délicatement les myrtilles à la pâte.
Versez la pâte dans des moules à muffins compatibles avec le Cookeo.
Fermez le Cookeo et programmez-le en mode "Cuisson sous pression" pendant 12 minutes. Une fois la cuisson terminée, laissez le Cookeo dépressuriser naturellement.
Laissez refroidir les muffins avant de les démouler. Dégustez-les tièdes ou froids.

Crumble aux pommes

Ingrédients : pour 4 personnes
- 4 à 5 pommes, pelées et coupées en dés
- 100 g de farine + 80 g de sucre
- 80 g de beurre + 50 g de flocons d'avoine

Préparation :
Préchauffez le four à 180°C.
Disposez les dés de pommes dans un moule compatible avec le Cookeo.
Dans un bol, mélangez la farine, le sucre, le beurre coupé en petits morceaux et les flocons d'avoine. Effritez la pâte à crumble sur les pommes.
Fermez le Cookeo et programmez-le en mode "Cuisson sous pression" pendant 10 minutes. Une fois la cuisson terminée, laissez le Cookeo dépressuriser naturellement.
Enfournez le moule au four pendant 10 à 15 minutes, jusqu'à ce que le crumble soit doré.
Laissez refroidir légèrement le crumble avant de le déguster tiède ou à température ambiante.

Recettes de soupes asiatiques

Soupe miso

Ingrédients : pour 4 personnes
- 4 tasses d'eau + 2 cuillères à soupe de pâte de miso
- 100 g de tofu coupé en dés
- 1 poignée d'algues wakame réhydratées
- 2 oignons verts, émincés

Préparation :
Versez l'eau dans la cuve du Cookeo.
Ajoutez la pâte de miso et mélangez bien pour la dissoudre.
Ajoutez le tofu, les algues wakame et les oignons verts.
Fermez le Cookeo et programmez-le en mode "Cuisson sous pression" pendant 5 minutes.
Une fois la cuisson terminée, laissez le Cookeo dépressuriser naturellement.
Servez la soupe miso chaude.

Soupe tom yum

Ingrédients : pour 4 personnes
- 4 tasses de bouillon de légumes + 200 g de crevettes décortiquées
- 200 g de champignons, tranchés + 2 tomates, coupées en quartiers
- 2 tiges de citronnelle, écrasées + 2 feuilles de combava (ou de lime kaffir)
- 2 cuillères à soupe de sauce de poisson + 2 cuillères à soupe de jus de citron vert
- 2 piments rouges, émincés (facultatif)

Préparation :
Versez le bouillon de légumes dans la cuve du Cookeo.
Ajoutez les crevettes, les champignons, les tomates, la citronnelle, les feuilles de combava, la sauce de poisson et le jus de citron vert.
Si vous aimez les plats épicés, ajoutez les piments rouges.
Fermez le Cookeo et programmez-le en mode "Cuisson sous pression" pendant 5 minutes.
Une fois la cuisson terminée, laissez le Cookeo dépressuriser naturellement.
Retirez les feuilles de combava et la citronnelle de la soupe avant de la servir.

Soupe tonkinoise (phở)

Ingrédients : pour 4 personnes
- 4 tasses de bouillon de bœuf + 200 g de nouilles de riz
- 200 g de fines tranches de bœuf + 1 oignon, émincé
- 2 gousses d'ail, émincées + 2 cuillères à soupe de sauce soja
- 2 cuillères à soupe de sauce de poisson
- Garnitures : feuilles de coriandre, pousses de soja, basilic thaï, jalapenos (facultatif)

Préparation :
Versez le bouillon de bœuf dans la cuve du Cookeo.
Ajoutez les nouilles de riz, l'oignon, l'ail, la sauce soja et la sauce de poisson.
Fermez le Cookeo et programmez-le en mode "Cuisson sous pression" pendant 5 minutes. Une fois la cuisson terminée, laissez le Cookeo dépressuriser naturellement.
Ajoutez les tranches de bœuf dans la soupe et laissez-les cuire avec la chaleur résiduelle du bouillon pendant quelques minutes.
Servez la soupe phở chaudement, garnie de feuilles de coriandre, de pousses de soja, de basilic thaï et de jalapenos si désiré.

Soupe wonton

Ingrédients : pour 4 personnes
- 4 tasses de bouillon de poulet
- 200 g de wontons (raviolis chinois) aux crevettes ou au porc
- 1 tasse de chou chinois, émincé + 1 carotte, en julienne
- 2 oignons verts, émincés + 1 cuillère à soupe de sauce soja
- 1 cuillère à soupe d'huile de sésame

Préparation :
Versez le bouillon de poulet dans la cuve du Cookeo.
Ajoutez les wontons, le chou chinois, la carotte, les oignons verts, la sauce soja et l'huile de sésame.
Fermez le Cookeo et programmez-le en mode "Cuisson sous pression" pendant 5 minutes. Une fois la cuisson terminée, laissez le Cookeo dépressuriser naturellement.
Servez la soupe wonton chaude.

Soupe laksa

Ingrédients : pour 4 personnes
- 4 tasses de bouillon de poulet + 200 ml de lait de coco
- 200 g de nouilles de riz + 200 g de crevettes décortiquées
- 1 cuillère à soupe de pâte de curry rouge
- 1 cuillère à soupe de pâte de crevettes (belacan) (facultatif)
- 1 cuillère à soupe de sauce de poisson
- Garnitures : œufs durs, pousses de soja, coriandre, citron vert

Préparation :
Versez le bouillon de poulet dans la cuve du Cookeo.
Ajoutez le lait de coco, les nouilles de riz, les crevettes, la pâte de curry rouge, la pâte de crevettes (si utilisée) et la sauce de poisson.
Fermez le Cookeo et programmez-le en mode "Cuisson sous pression" pendant 5 minutes. Une fois la cuisson terminée, laissez le Cookeo dépressuriser naturellement.
Servez la soupe laksa chaudement, garnie d'œufs durs, de pousses de soja, de coriandre et de quartiers de citron vert.

Soupe kimchi

Ingrédients : pour 4 personnes
- 4 tasses de bouillon de poulet + 200 g de kimchi
- 200 g de porc ou de bœuf en fines tranches + 1 oignon, émincé
- 2 gousses d'ail, émincées + 1 cuillère à soupe de sauce de soja
- 1 cuillère à soupe de sauce de poisson + 1 cuillère à soupe d'huile de sésame
- 2 œufs, légèrement battus + 2 oignons verts, émincés

Préparation :
Versez le bouillon de poulet dans la cuve du Cookeo.
Ajoutez le kimchi, la viande, l'oignon, l'ail, la sauce soja, la sauce de poisson et l'huile de sésame. Fermez le Cookeo et programmez-le en mode "Cuisson sous pression" pendant 5 minutes. Une fois la cuisson terminée, laissez le Cookeo dépressuriser naturellement.
Ajoutez les œufs battus dans la soupe et remuez pour les cuire.
Servez la soupe kimchi chaudement, garnie d'oignons verts.

Soupe thom kha gai (soupe de poulet à la noix de coco)

Ingrédients : pour 4 personnes
- 4 tasses de bouillon de poulet + 200 ml de lait de coco
- 200 g de blanc de poulet, coupé en fines lanières
- 200 g de champignons, tranchés + 2 tiges de citronnelle, écrasées
- 2 feuilles de combava (ou de lime kaffir) + 2 piments rouges, émincés (facultatif)
- 2 cuillères à soupe de sauce de poisson + 2 cuillères à soupe de jus de citron vert

Préparation :
Versez le bouillon de poulet dans la cuve du Cookeo.
Ajoutez le lait de coco, le poulet, les champignons, la citronnelle, les feuilles de combava, les piments rouges (si utilisés), la sauce de poisson et le jus de citron vert.
Fermez le Cookeo et programmez-le en mode "Cuisson sous pression" pendant 5 minutes. Une fois la cuisson terminée, laissez le Cookeo dépressuriser naturellement.
Retirez les feuilles de combava et la citronnelle de la soupe avant de la servir.

Soupe udon

Ingrédients : pour 4 personnes
- 4 tasses de bouillon de légumes ou de dashi (bouillon japonais)
- 200 g de nouilles udon + 200 g de poulet ou de crevettes
- 1 tasse de légumes (carottes, champignons, épinards, etc.)
- 2 cuillères à soupe de sauce soja + 1 cuillère à soupe de mirin (vin de riz doux)
- 1 cuillère à soupe d'huile de sésame
- Garnitures : oignons verts, nori (algues séchées), tempura (facultatif)

Préparation :
Versez le bouillon de légumes ou le dashi dans la cuve du Cookeo.
Ajoutez les nouilles udon, le poulet ou les crevettes, les légumes, la sauce soja, le mirin et l'huile de sésame. Fermez le Cookeo et programmez-le en mode "Cuisson sous pression" pendant 5 minutes. Une fois la cuisson terminée, laissez le Cookeo dépressuriser naturellement.
Servez la soupe udon chaudement, garnie d'oignons verts, de nori et de tempura si désiré.

Soupe vietnamienne au poulet (Canh ga nấu mang)

Ingrédients : pour 4 personnes
- 4 tasses de bouillon de poulet + 200 g de pilons de poulet
- 200 g de germes de soja + 1 morceau de gingembre, tranché
- 1 oignon, émincé + 2 gousses d'ail, émincées
- 2 cuillères à soupe de sauce de poisson + 2 cuillères à soupe de jus de citron vert
- 1 cuillère à soupe d'huile de sésame + 1 pincée de piment rouge en flocons (facultatif)

Préparation :
Versez le bouillon de poulet dans la cuve du Cookeo.
Ajoutez les pilons de poulet, les germes de soja, le gingembre, l'oignon, l'ail, la sauce de poisson, le jus de citron vert, l'huile de sésame et le piment rouge (si utilisé).
Fermez le Cookeo et programmez-le en mode "Cuisson sous pression" pendant 10 minutes. Une fois la cuisson terminée, laissez le Cookeo dépressuriser naturellement.
Servez la soupe vietnamienne au poulet chaude.

Soupe curry rouge de crevettes

Ingrédients : pour 4 personnes
- 4 tasses de bouillon de poulet + 200 ml de lait de coco
- 200 g de crevettes décortiquées + 1 poivron rouge, coupé en dés
- 1 carotte, en julienne + 1 oignon, émincé
- 2 cuillères à soupe de pâte de curry rouge + 1 cuillère à soupe de sauce de poisson
- 1 cuillère à soupe de jus de citron vert

Préparation :
Versez le bouillon de poulet dans la cuve du Cookeo.
Ajoutez le lait de coco, les crevettes, le poivron rouge, la carotte, l'oignon, la pâte de curry rouge, la sauce de poisson et le jus de citron vert.
Fermez le Cookeo et programmez-le en mode "Cuisson sous pression" pendant 5 minutes. Une fois la cuisson terminée, laissez le Cookeo dépressuriser naturellement.
Servez la soupe curry rouge de crevettes chaude.

Soupe wonton aux légumes

Ingrédients : pour 4 personnes
- 4 tasses de bouillon de légumes + 200 g de wontons (raviolis chinois) aux légumes
- 1 tasse de chou chinois, émincé + 1 carotte, en julienne + 1 poireau, émincé
- 2 oignons verts, émincés + 1 cuillère à soupe de sauce soja
- 1 cuillère à soupe d'huile de sésame

Préparation :
Versez le bouillon de légumes dans la cuve du Cookeo.
Ajoutez les wontons, le chou chinois, la carotte, le poireau, les oignons verts, la sauce soja et l'huile de sésame.
Fermez le Cookeo et programmez-le en mode "Cuisson sous pression" pendant 5 minutes. Une fois la cuisson terminée, laissez le Cookeo dépressuriser naturellement.
Servez la soupe wonton aux légumes chaude.

Soupe thaï au poulet et à la noix de coco (Tom Kha Gai)

Ingrédients : pour 4 personnes
- 4 tasses de bouillon de poulet + 200 ml de lait de coco
- 200 g de blanc de poulet, coupé en lanières + 1 tasse de champignons tranchés
- 2 tiges de citronnelle, écrasées + 2 feuilles de combava (ou de lime kaffir)
- 2 piments rouges, émincés (facultatif) + 2 cuillères à soupe de sauce de poisson
- 2 cuillères à soupe de jus de citron vert

Préparation :
Versez le bouillon de poulet dans la cuve du Cookeo.
Ajoutez le lait de coco, le poulet, les champignons, la citronnelle, les feuilles de combava, les piments rouges (si utilisés), la sauce de poisson et le jus de citron vert.
Fermez le Cookeo et programmez-le en mode "Cuisson sous pression" pendant 5 minutes.
Une fois la cuisson terminée, laissez le Cookeo dépressuriser naturellement.
Retirez les feuilles de combava et la citronnelle de la soupe avant de la servir.

Soupe japonaise au miso

Ingrédients : pour 4 personnes
- 4 tasses de bouillon dashi (bouillon japonais)
- 2 cuillères à soupe de pâte de miso + 200 g de tofu coupé en dés
- 1 poignée d'algues wakame réhydratées + 2 oignons verts, émincés

Préparation :
Versez le bouillon dashi dans la cuve du Cookeo.
Ajoutez la pâte de miso et mélangez bien pour la dissoudre.
Ajoutez le tofu, les algues wakame et les oignons verts.
Fermez le Cookeo et programmez-le en mode "Cuisson sous pression" pendant 5 minutes. Une fois la cuisson terminée, laissez le Cookeo dépressuriser naturellement.
Servez la soupe japonaise au miso chaude.

Soupe thaïe aux crevettes et aux nouilles (Tom Yum Goong)

Ingrédients : pour 4 personnes
- 4 tasses de bouillon de poulet + 200 g de crevettes décortiquées
- 200 g de nouilles de riz + 1 tomate, coupée en quartiers
- 1 oignon, émincé + 2 tiges de citronnelle, écrasées
- 2 feuilles de combava (ou de lime kaffir) + 2 cuillères à soupe de sauce de poisson
- 2 cuillères à soupe de jus de citron vert + 2 piments rouges, émincés (facultatif)

Préparation :
Versez le bouillon de poulet dans la cuve du Cookeo.
Ajoutez les crevettes, les nouilles de riz, la tomate, l'oignon, la citronnelle, les feuilles de combava, la sauce de poisson, le jus de citron vert et les piments rouges (si utilisés).
Fermez le Cookeo et programmez-le en mode "Cuisson sous pression" pendant 5 minutes.
Une fois la cuisson terminée, laissez le Cookeo dépressuriser naturellement.
Servez la soupe thaïe aux crevettes et aux nouilles chaude.

Soupe chinoise aux raviolis vapeur (Xiao Long Bao)

Ingrédients : pour 4 personnes
- 4 tasses de bouillon de poulet + 200 g de raviolis vapeur (Xiao Long Bao)
- 1 tasse de bok choy, émincé + 1 carotte, en julienne
- 1 poireau, émincé + 2 oignons verts, émincés
- 1 cuillère à soupe de sauce soja + 1 cuillère à soupe d'huile de sésame

Préparation :
Versez le bouillon de poulet dans la cuve du Cookeo.
Ajoutez les raviolis vapeur, le bok choy, la carotte, le poireau, les oignons verts, la sauce soja et l'huile de sésame.
Fermez le Cookeo et programmez-le en mode "Cuisson sous pression" pendant 5 minutes. Une fois la cuisson terminée, laissez le Cookeo dépressuriser naturellement.
Servez la soupe chinoise aux raviolis vapeur chaude.

Soupe coréenne aux algues et au tofu (Miyeokguk)

Ingrédients : pour 4 personnes
- 4 tasses de bouillon de bœuf ou de légumes + 200 g d'algues miyeok réhydratées
- 200 g de tofu coupé en dés + 1 oignon, émincé + 2 gousses d'ail, émincées
- 2 cuillères à soupe de sauce de soja + 2 cuillères à soupe d'huile de sésame

Préparation :
Versez le bouillon de bœuf ou de légumes dans la cuve du Cookeo.
Ajoutez les algues miyeok, le tofu, l'oignon, l'ail, la sauce de soja et l'huile de sésame.
Fermez le Cookeo et programmez-le en mode "Cuisson sous pression" pendant 5 minutes.
Une fois la cuisson terminée, laissez le Cookeo dépressuriser naturellement.
Servez la soupe coréenne aux algues et au tofu chaude.

Soupe chinoise aux nouilles et au poulet (La Mian)

Ingrédients : pour 4 personnes
- 4 tasses de bouillon de poulet + 200 g de nouilles de blé (La Mian)
- 200 g de blanc de poulet, coupé en lanières + 1 tasse de bok choy, émincé
- 1 carotte, en julienne + 1 poireau, émincé + 2 oignons verts, émincés
- 1 cuillère à soupe de sauce soja + 1 cuillère à soupe d'huile de sésame

Préparation :
Versez le bouillon de poulet dans la cuve du Cookeo.
Ajoutez les nouilles de blé, le poulet, le bok choy, la carotte, le poireau, les oignons verts, la sauce soja et l'huile de sésame.
Fermez le Cookeo et programmez-le en mode "Cuisson sous pression" pendant 5 minutes. Une fois la cuisson terminée, laissez le Cookeo dépressuriser naturellement.
Servez la soupe chinoise aux nouilles et au poulet chaude.

Soupe vietnamienne au bœuf (Phở Bò)

Ingrédients : pour 4 personnes
- 4 tasses de bouillon de bœuf + 200 g de fines tranches de bœuf
- 200 g de nouilles de riz + 1 oignon, émincé + 2 gousses d'ail, émincées
- 2 tiges de citronnelle, écrasées + 2 cuillères à soupe de sauce de poisson
- 2 cuillères à soupe de jus de citron vert
- Garnitures : feuilles de coriandre, pousses de soja, basilic thaï, jalapenos (facultatif)

Préparation :
Versez le bouillon de bœuf dans la cuve du Cookeo.
Ajoutez les fines tranches de bœuf, les nouilles de riz, l'oignon, l'ail, la citronnelle, la sauce de poisson et le jus de citron vert.
Fermez le Cookeo et programmez-le en mode "Cuisson sous pression" pendant 5 minutes. Une fois la cuisson terminée, laissez le Cookeo dépressuriser naturellement.
Servez la soupe vietnamienne au bœuf chaude, garnie de feuilles de coriandre, de pousses de soja, de basilic thaï et de jalapenos si désiré.

Soupe japonaise au poulet et aux légumes (Yasai Nabe)

Ingrédients : pour 4 personnes
- 4 tasses de bouillon de poulet + 200 g de blanc de poulet, coupé en lanières
- 1 carotte, en julienne + 1 poireau, émincé
- 1 tasse de champignons tranchés + 1 tasse de tofu coupé en dés
- 2 cuillères à soupe de sauce soja + 2 cuillères à soupe de mirin (vin de riz doux)
- 1 cuillère à soupe d'huile de sésame

Préparation :
Versez le bouillon de poulet dans la cuve du Cookeo.
Ajoutez le poulet, la carotte, le poireau, les champignons, le tofu, la sauce soja, le mirin et l'huile de sésame.
Fermez le Cookeo et programmez-le en mode "Cuisson sous pression" pendant 5 minutes. Une fois la cuisson terminée, laissez le Cookeo dépressuriser naturellement.
Servez la soupe japonaise au poulet et aux légumes chaude.

Soupe chinoise aux crevettes et au maïs

Ingrédients : pour 4 personnes
- 4 tasses de bouillon de poulet + 200 g de crevettes décortiquées
- 1 tasse de maïs en grains + 1 œuf, battu + 2 oignons verts, émincés
- 2 cuillères à soupe de sauce de soja + 1 cuillère à soupe d'huile de sésame

Préparation :
Versez le bouillon de poulet dans la cuve du Cookeo.
Ajoutez les crevettes, le maïs, l'œuf battu, les oignons verts, la sauce de soja et l'huile de sésame.
Fermez le Cookeo et programmez-le en mode "Cuisson sous pression" pendant 5 minutes. Une fois la cuisson terminée, laissez le Cookeo dépressuriser naturellement.
Servez la soupe chinoise aux crevettes et au maïs chaude.

Plats pour enfants

Spaghettis à la bolognaise

Ingrédients : pour 4 personnes
- 500 g de spaghettis + 400 g de viande hachée
- 1 oignon, émincé + 2 gousses d'ail, émincées
- 400 g de pulpe de tomates + 2 cuillères à soupe de concentré de tomates
- 1 cuillère à soupe d'huile d'olive + Sel et poivre au goût

Préparation :
Sélectionnez le mode "Dorer" sur votre Cookeo et faites revenir l'oignon et l'ail dans l'huile d'olive jusqu'à ce qu'ils soient translucides.
Ajoutez la viande hachée et faites-la dorer. Ajoutez la pulpe de tomates, le concentré de tomates, le sel et le poivre. Mélangez bien. Sélectionnez le mode "Cuisson sous pression" et réglez le temps de cuisson sur 10 minutes. Pendant ce temps, faites cuire les spaghettis dans une casserole d'eau bouillante selon les instructions sur l'emballage.
Une fois la cuisson terminée, décompressez le Cookeo et servez les spaghettis avec la sauce bolognaise.

Nuggets de poulet maison

Ingrédients : pour 4 personnes
- 500 g de filets de poulet, coupés en morceaux + 2 œufs, battus
- 100 g de chapelure + 50 g de parmesan râpé + 1 cuillère à café d'ail en poudre
- 1 cuillère à café de paprika + Sel et poivre au goût

Préparation :
Dans un bol, mélangez la chapelure, le parmesan râpé, l'ail en poudre, le paprika, le sel et le poivre.
Trempez les morceaux de poulet dans les œufs battus, puis roulez-les dans le mélange de chapelure. Préchauffez votre Cookeo en mode "Dorer" et ajoutez un peu d'huile.
Faites dorer les nuggets de poulet des deux côtés jusqu'à ce qu'ils soient bien dorés. Sélectionnez le mode "Cuisson sous pression" et réglez le temps de cuisson sur 10 minutes. Une fois la cuisson terminée, décompressez le Cookeo et servez les nuggets de poulet avec une sauce au choix.

Mini pizzas express

Ingrédients : pour 4 personnes
- 4 tortillas de blé ou de maïs + 200 g de sauce tomate
- 200 g de fromage râpé + 100 g de jambon, coupé en dés
- 1 poivron, coupé en dés + 1 tomate, coupée en dés
- Herbes aromatiques au choix (origan, basilic, etc.)

Préparation :
Étalez une cuillère à soupe de sauce tomate sur chaque tortilla.
Ajoutez le fromage râpé, le jambon, le poivron et la tomate sur chaque tortilla.
Saupoudrez d'herbes aromatiques. Placez les mini pizzas dans le panier vapeur du Cookeo. Versez un peu d'eau dans la cuve du Cookeo et placez-y le panier vapeur.
Sélectionnez le mode "Cuisson sous pression" et réglez le temps de cuisson sur 5 minutes.
Une fois la cuisson terminée, décompressez le Cookeo et servez les mini pizzas chaudes.

Poulet au miel et à la moutarde

Ingrédients : pour 4 personnes
- 4 filets de poulet + 2 cuillères à soupe de miel
- 2 cuillères à soupe de moutarde + 2 cuillères à soupe de sauce soja
- 1 cuillère à soupe d'huile d'olive + Sel et poivre au goût

Préparation :
Dans un bol, mélangez le miel, la moutarde, la sauce soja, l'huile d'olive, le sel et le poivre.
Badigeonnez les filets de poulet de ce mélange.
Préchauffez votre Cookeo en mode "Dorer" et ajoutez un peu d'huile.
Faites dorer les filets de poulet des deux côtés.
Sélectionnez le mode "Cuisson sous pression" et réglez le temps de cuisson sur 10 minutes.
Une fois la cuisson terminée, décompressez le Cookeo et servez le poulet avec des légumes et des pommes de terre.

Gratin de pâtes au fromage

Ingrédients : pour 4 personnes
- 300 g de pâtes (macaroni, penne, etc.)
- 200 g de fromage râpé (cheddar, gruyère, etc.)
- 200 ml de crème fraîche + 200 ml de lait
- 2 cuillères à soupe de farine + 2 cuillères à soupe de beurre
- Sel et poivre au goût

Préparation :
Faites cuire les pâtes dans une casserole d'eau bouillante selon les instructions sur l'emballage. Pendant ce temps, dans le Cookeo en mode "Dorer", faites fondre le beurre, puis ajoutez la farine en remuant bien. Versez le lait progressivement tout en continuant de remuer pour éviter les grumeaux.
Ajoutez la crème fraîche, le sel, le poivre et la moitié du fromage râpé. Mélangez jusqu'à obtenir une sauce crémeuse. Égouttez les pâtes et ajoutez-les dans la cuve du Cookeo avec la sauce au fromage.
Sélectionnez le mode "Cuisson sous pression" et réglez le temps de cuisson sur 5 minutes. Une fois la cuisson terminée, décompressez le Cookeo et saupoudrez le reste du fromage râpé sur le gratin. Faites gratiner le tout au four pendant quelques minutes jusqu'à ce que le fromage soit fondu et doré.

Boulettes de viande à la sauce tomate

Ingrédients : pour 4 personnes
- 500 g de viande hachée (bœuf, porc, veau, etc.) + 1 oignon, finement haché
- 2 gousses d'ail, émincées + 100 g de chapelure + 1 œuf, battu
- 400 g de pulpe de tomates + 2 cuillères à soupe de concentré de tomates
- 1 cuillère à soupe d'huile d'olive +Herbes aromatiques au choix (persil, basilic, origan, etc.)
- Sel et poivre au goût

Préparation :
Dans un bol, mélangez la viande hachée, l'oignon, l'ail, la chapelure, l'œuf, les herbes aromatiques, le sel et le poivre.
Façonnez des boulettes avec le mélange de viande.
Préchauffez votre Cookeo en mode "Dorer" et ajoutez un peu d'huile.
Faites dorer les boulettes de viande des deux côtés jusqu'à ce qu'elles soient bien dorées.
Ajoutez la pulpe de tomates, le concentré de tomates, le sel et le poivre dans le Cookeo. Mélangez bien.
Sélectionnez le mode "Cuisson sous pression" et réglez le temps de cuisson sur 10 minutes.
Une fois la cuisson terminée, décompressez le Cookeo et servez les boulettes de viande avec la sauce tomate.

Croquettes de poisson

Ingrédients : pour 4 personnes
- 500 g de filets de poisson blanc (colin, cabillaud, etc.)
- 2 pommes de terre, cuites et écrasées + 1 œuf, battu
- 100 g de chapelure + Jus d'un citron
- Herbes aromatiques au choix (persil, ciboulette, etc.) + Sel et poivre au goût

Préparation :
Dans un bol, émiettez les filets de poisson à l'aide d'une fourchette.
Ajoutez les pommes de terre écrasées, l'œuf battu, la chapelure, le jus de citron, les herbes aromatiques, le sel et le poivre. Mélangez bien. Façonnez des croquettes avec le mélange de poisson.
Préchauffez votre Cookeo en mode "Dorer" et ajoutez un peu d'huile.
Faites dorer les croquettes de poisson des deux côtés jusqu'à ce qu'elles soient bien dorées.
Sélectionnez le mode "Cuisson sous pression" et réglez le temps de cuisson sur 5 minutes.
Une fois la cuisson terminée, décompressez le Cookeo et servez les croquettes de poisson avec une sauce au choix.

Risotto crémeux aux légumes

Ingrédients : pour 4 personnes
- 300 g de riz arborio + 1 oignon, émincé
- 2 gousses d'ail, émincées + 200 g de champignons, tranchés
- 200 g de petits pois surgelés + 1 litre de bouillon de légumes
- 100 g de parmesan râpé + 2 cuillères à soupe de beurre
- Sel et poivre au goût

Préparation :
Préchauffez votre Cookeo en mode "Dorer" et ajoutez le beurre.
Faites revenir l'oignon et l'ail jusqu'à ce qu'ils soient translucides.
Ajoutez les champignons et les petits pois, et faites revenir pendant quelques minutes.
Ajoutez le riz arborio et mélangez bien pour le nacrer.
Versez le bouillon de légumes dans la cuve du Cookeo et mélangez.
Sélectionnez le mode "Cuisson sous pression" et réglez le temps de cuisson sur 7 minutes.
Une fois la cuisson terminée, décompressez le Cookeo et ajoutez le parmesan râpé. Mélangez bien jusqu'à ce que le risotto soit crémeux.
Assaisonnez avec du sel et du poivre selon votre goût et servez chaud.

Poulet pané croustillant

Ingrédients : pour 4 personnes
- 4 filets de poulet + 100 g de cornflakes, écrasés
- 100 g de farine + 2 œufs, battus
- Sel et poivre au goût

Préparation :
Préchauffez votre Cookeo en mode "Dorer".
Dans trois bols séparés, mettez la farine, les œufs battus et les cornflakes écrasés.
Assaisonnez les filets de poulet avec du sel et du poivre.
Passez chaque filet de poulet dans la farine, puis dans les œufs battus et enfin dans les cornflakes écrasés. Déposez les filets de poulet panés dans la cuve du Cookeo.
Sélectionnez le mode "Cuisson sous pression" et réglez le temps de cuisson sur 10 minutes. Une fois la cuisson terminée, décompressez le Cookeo et servez le poulet pané croustillant avec une salade ou des légumes.

Tacos au bœuf

Ingrédients : pour 4 personnes
- 500 g de bœuf haché + 1 oignon, émincé
- 2 gousses d'ail, émincées + 1 poivron, coupé en dés
- 1 cuillère à soupe de poudre de chili + 1 cuillère à soupe de cumin en poudre
- 1 cuillère à soupe d'huile d'olive + Sel et poivre au goût
- Tacos et garnitures au choix (salsa, guacamole, fromage râpé, crème sure, etc.)

Préparation :
Préchauffez votre Cookeo en mode "Dorer" et ajoutez l'huile d'olive.
Faites revenir l'oignon et l'ail jusqu'à ce qu'ils soient translucides.
Ajoutez le bœuf haché et faites-le dorer.
Ajoutez le poivron, la poudre de chili, le cumin, le sel et le poivre. Mélangez bien.
Sélectionnez le mode "Cuisson sous pression" et réglez le temps de cuisson sur 10 minutes.
Une fois la cuisson terminée, décompressez le Cookeo et servez la préparation de bœuf dans des tacos avec les garnitures de votre choix.

Macaroni au fromage

Ingrédients : pour 4 personnes
- 500 g de macaroni + 200 g de fromage cheddar râpé
- 200 ml de lait + 2 cuillères à soupe de beurre
- 2 cuillères à soupe de farine + Sel et poivre au goût

Préparation :
Faites cuire les macaronis dans une casserole d'eau bouillante selon les instructions sur l'emballage. Pendant ce temps, dans le Cookeo en mode "Dorer", faites fondre le beurre, puis ajoutez la farine en remuant bien.
Versez le lait progressivement tout en continuant de remuer pour éviter les grumeaux. Ajoutez le fromage râpé, le sel et le poivre. Mélangez jusqu'à obtenir une sauce crémeuse. Égouttez les macaronis cuits et ajoutez-les dans la cuve du Cookeo avec la sauce au fromage. Sélectionnez le mode "Cuisson sous pression" et réglez le temps de cuisson sur 2 minutes. Une fois la cuisson terminée, décompressez le Cookeo et servez les macaronis au fromage bien chauds.

Poulet rôti aux légumes

Ingrédients : pour 4 personnes
- 4 cuisses de poulet + 4 pommes de terre, coupées en dés
- 2 carottes, coupées en dés + 1 oignon, émincé
- 2 gousses d'ail, émincées + 2 cuillères à soupe d'huile d'olive
- Herbes de Provence au goût + Sel et poivre au goût

Préparation :
Préchauffez votre Cookeo en mode "Dorer" et ajoutez l'huile d'olive.
Faites dorer les cuisses de poulet des deux côtés jusqu'à ce qu'elles soient bien dorées. Ajoutez les pommes de terre, les carottes, l'oignon et l'ail dans la cuve du Cookeo. Assaisonnez avec les herbes de Provence, le sel et le poivre. Mélangez bien.
Sélectionnez le mode "Cuisson sous pression" et réglez le temps de cuisson sur 15 minutes.
Une fois la cuisson terminée, décompressez le Cookeo et servez le poulet rôti aux légumes chaud.

Pizza roulée

Ingrédients : pour 4 personnes
- 1 pâte à pizza + 200 g de sauce tomate
- 100 g de jambon, coupé en dés + 100 g de fromage râpé
- Herbes aromatiques au choix (origan, basilic, etc.)
- Sel et poivre au goût

Préparation :
Étalez la pâte à pizza sur un plan de travail légèrement fariné.
Étalez la sauce tomate sur la pâte à pizza, puis ajoutez le jambon, le fromage râpé, les herbes aromatiques, le sel et le poivre. Roulez la pâte à pizza de manière à former un rouleau. Préchauffez votre Cookeo en mode "Dorer" et ajoutez un peu d'huile.
Placez le rouleau de pizza dans la cuve du Cookeo et faites dorer des deux côtés.
Sélectionnez le mode "Cuisson sous pression" et réglez le temps de cuisson sur 10 minutes. Une fois la cuisson terminée, décompressez le Cookeo et coupez le rouleau de pizza en tranches pour servir.

Brochettes de poulet et légumes

Ingrédients : pour 4 personnes
- 500 g de filets de poulet, coupés en dés
- Légumes au choix (poivrons, oignons, tomates cerises, champignons, etc.)
- Marinade au choix (sauce soja, huile d'olive, jus de citron, épices, etc.)
- Sel et poivre au goût

Préparation :
Dans un bol, préparez la marinade en mélangeant les ingrédients de votre choix.
Ajoutez les dés de poulet dans la marinade et laissez-les mariner pendant au moins 30 minutes. Enfilez les dés de poulet et les légumes sur des brochettes.
Préchauffez votre Cookeo en mode "Dorer" et ajoutez un peu d'huile.
Faites dorer les brochettes de poulet et légumes des deux côtés jusqu'à ce qu'ils soient bien grillés.
Sélectionnez le mode "Cuisson sous pression" et réglez le temps de cuisson sur 5 minutes.
Une fois la cuisson terminée, décompressez le Cookeo et servez les brochettes chaudes avec une sauce au choix.

Fish and chips

Ingrédients : pour 4 personnes
- 4 filets de poisson blanc (cabillaud, merlu, etc.)
- 4 pommes de terre, coupées en frites + 2 œufs, battus
- 100 g de farine + 100 g de chapelure
- Sel et poivre au goût + Huile de friture

Préparation :
Préchauffez votre Cookeo en mode "Dorer" et ajoutez suffisamment d'huile de friture pour couvrir les filets de poisson.
Passez les filets de poisson dans la farine, puis dans les œufs battus et enfin dans la chapelure. Faites frire les filets de poisson dans l'huile chaude jusqu'à ce qu'ils soient bien dorés. Réservez-les sur du papier absorbant.
Dans une autre casserole, faites frire les frites jusqu'à ce qu'elles soient dorées et croustillantes. Réservez-les sur du papier absorbant.
Servez les filets de poisson et les frites chauds avec une sauce au choix.

Quesadillas au poulet

Ingrédients : pour 4 personnes
- 4 tortillas de blé ou de maïs + 200 g de blanc de poulet cuit, coupé en dés
- 100 g de fromage râpé + 1/2 poivron, coupé en dés
- 1/2 oignon, émincé + Sel et poivre au goût + Huile d'olive

Préparation :
Préchauffez votre Cookeo en mode "Dorer" et ajoutez un peu d'huile d'olive.
Faites revenir l'oignon et le poivron jusqu'à ce qu'ils soient tendres.
Ajoutez le poulet cuit, le sel et le poivre. Mélangez bien.
Placez une tortilla dans le Cookeo et ajoutez une portion du mélange de poulet, du fromage râpé et une autre tortilla par-dessus.
Faites cuire les quesadillas des deux côtés jusqu'à ce que le fromage soit fondu et que les tortillas soient dorées. Répétez l'opération avec les autres tortillas.
Coupez les quesadillas en triangles et servez-les chaudes.

Boulettes de viande et spaghetti

Ingrédients : pour 4 personnes

- 500 g de viande hachée (bœuf, porc, veau, etc.) + 1 œuf, battu
- 100 g de chapelure + 1/2 oignon, émincé + 2 gousses d'ail, émincées
- 400 g de pulpe de tomates + 2 cuillères à soupe de concentré de tomates
- 1 cuillère à soupe d'huile d'olive + Sel et poivre au goût
- Spaghettis cuits, pour servir

Préparation :

Dans un bol, mélangez la viande hachée, l'œuf, la chapelure, l'oignon, l'ail, le sel et le poivre. Façonnez des boulettes avec le mélange de viande.
Préchauffez votre Cookeo en mode "Dorer" et ajoutez l'huile d'olive.
Faites dorer les boulettes de viande des deux côtés jusqu'à ce qu'elles soient bien dorées.
Ajoutez la pulpe de tomates, le concentré de tomates, le sel et le poivre dans le Cookeo. Mélangez bien.
Sélectionnez le mode "Cuisson sous pression" et réglez le temps de cuisson sur 10 minutes. Une fois la cuisson terminée, décompressez le Cookeo et servez les boulettes de viande avec les spaghettis cuits.

Mini quiches au jambon et aux légumes

Ingrédients : pour 4 personnes

- 200 g de pâte brisée + 100 g de jambon, coupé en dés
- 1/2 poivron, coupé en dés + 1/2 courgette, coupée en dés
- 100 g de fromage râpé + 3 œufs + 100 ml de lait
- Sel et poivre au goût

Préparation :

Préchauffez votre Cookeo en mode "Dorer".
Étalez la pâte brisée et découpez des cercles pour garnir les moules à muffins.
Dans un bol, battez les œufs avec le lait, le sel et le poivre.
Répartissez le jambon, le poivron, la courgette et le fromage râpé dans les moules à muffins.
Versez le mélange d'œufs battus sur les légumes et le fromage.
Placez les moules à muffins dans la cuve du Cookeo.
Sélectionnez le mode "Cuisson sous pression" et réglez le temps de cuisson sur 10 minutes.
Une fois la cuisson terminée, décompressez le Cookeo et laissez les mini quiches refroidir légèrement avant de les démouler et de les servir.

Poulet au curry et au lait de coco

Ingrédients : pour 4 personnes
- 4 filets de poulet, coupés en dés + 1 oignon, émincé
- 2 gousses d'ail, émincées + 1 poivron, coupé en dés
- 200 ml de lait de coco + 2 cuillères à soupe de pâte de curry
- 1 cuillère à soupe d'huile d'olive + Sel et poivre au goût
- Coriandre fraîche, pour garnir (facultatif)

Préparation :
Préchauffez votre Cookeo en mode "Dorer" et ajoutez l'huile d'olive.
Faites revenir l'oignon, l'ail et le poivron jusqu'à ce qu'ils soient tendres.
Ajoutez les dés de poulet et faites-les dorer.
Ajoutez la pâte de curry, le lait de coco, le sel et le poivre. Mélangez bien.
Sélectionnez le mode "Cuisson sous pression" et réglez le temps de cuisson sur 10 minutes. Une fois la cuisson terminée, décompressez le Cookeo et servez le poulet au curry avec du riz ou des légumes. Garnissez de coriandre fraîche si vous le souhaitez.

Pâtes au saumon et à la crème

Ingrédients : pour 4 personnes
- 400 g de pâtes (penne, fusilli, etc.) + 200 g de filet de saumon, coupé en dés
- 200 ml de crème fraîche + 1/2 oignon, émincé + 2 gousses d'ail, émincées
- 1 cuillère à soupe d'huile d'olive + Jus d'un citron
- Aneth frais, pour garnir (facultatif) + Sel et poivre au goût

Préparation :
Faites cuire les pâtes dans une casserole d'eau bouillante selon les instructions sur l'emballage. Pendant ce temps, dans le Cookeo en mode "Dorer", faites revenir l'oignon et l'ail dans l'huile d'olive jusqu'à ce qu'ils soient tendres.
Ajoutez les dés de saumon et faites-les dorer.
Versez la crème fraîche, le jus de citron, le sel et le poivre dans le Cookeo. Mélangez bien. Égouttez les pâtes cuites et ajoutez-les dans la cuve du Cookeo avec la sauce au saumon. Sélectionnez le mode "Cuisson sous pression" et réglez le temps de cuisson sur 2 minutes. Une fois la cuisson terminée, décompressez le Cookeo et servez les pâtes au saumon avec de l'aneth frais pour garnir.

Recettes à IG bas

Chili con carne à l'indice glycémique bas

Ingrédients : pour 4 personnes
- 500 g de bœuf haché maigre + 1 oignon, émincé
- 2 gousses d'ail, émincées + 1 poivron rouge, coupé en dés
- 400 g de tomates concassées en conserve
- 400 g de haricots rouges en conserve, rincés et égouttés
- 1 cuillère à soupe d'huile d'olive + 2 cuillères à soupe de poudre de chili
- 1 cuillère à café de cumin moulu + Sel et poivre au goût

Préparation :
Préchauffez votre Cookeo en mode "Dorer" et ajoutez l'huile d'olive.
Faites revenir l'oignon, l'ail et le poivron jusqu'à ce qu'ils soient tendres.
Ajoutez la viande hachée et faites-la dorer.
Ajoutez les tomates concassées, les haricots rouges, la poudre de chili, le cumin, le sel et le poivre. Mélangez bien. Sélectionnez le mode "Cuisson sous pression" et réglez le temps de cuisson sur 10 minutes. Une fois la cuisson terminée, décompressez le Cookeo et servez le chili con carne chaud.

Poulet aux légumes

Ingrédients : pour 4 personnes
- 4 filets de poulet + 2 courgettes, coupées en dés + 2 poivrons, coupés en dés
- 1 oignon, émincé + 2 gousses d'ail, émincées + 200 ml de bouillon de légumes
- 1 cuillère à soupe d'huile d'olive + Herbes de Provence au goût
- Sel et poivre au goût

Préparation :
Préchauffez votre Cookeo en mode "Dorer" et ajoutez l'huile d'olive.
Faites revenir l'oignon et l'ail jusqu'à ce qu'ils soient translucides.
Ajoutez les filets de poulet et faites-les dorer des deux côtés.
Ajoutez les courgettes, les poivrons, le bouillon de légumes, les herbes de Provence, le sel et le poivre. Mélangez bien. Sélectionnez le mode "Cuisson sous pression" et réglez le temps de cuisson sur 8 minutes. Une fois la cuisson terminée, décompressez le Cookeo et servez le poulet aux légumes chaud.

Saumon aux épices douces

Ingrédients : pour 4 personnes
- 4 filets de saumon + 1 cuillère à soupe de paprika doux
- 1 cuillère à café de cumin moulu + 1 cuillère à café de coriandre moulue
- 1 cuillère à café de curcuma moulu + Sel et poivre au goût
- Jus d'un citron + 1 cuillère à soupe d'huile d'olive

Préparation :
Dans un bol, mélangez les épices (paprika, cumin, coriandre, curcuma), le sel et le poivre.
Badigeonnez les filets de saumon avec le jus de citron et l'huile d'olive.
Saupoudrez les filets de saumon avec le mélange d'épices.
Préchauffez votre Cookeo en mode "Dorer" et ajoutez un peu d'huile d'olive.
Faites cuire les filets de saumon des deux côtés jusqu'à ce qu'ils soient bien dorés.
Sélectionnez le mode "Cuisson sous pression" et réglez le temps de cuisson sur 5 minutes. Une fois la cuisson terminée, décompressez le Cookeo et servez le saumon aux épices douces.

Ratatouille à IG bas

Ingrédients : pour 4 personnes
- 1 aubergine, coupée en dés + 1 courgette, coupée en dés
- 1 poivron, coupé en dés + 1 oignon, émincé
- 2 gousses d'ail, émincées + 400 g de tomates concassées en conserve
- 1 cuillère à soupe d'huile d'olive + Herbes de Provence au goût
- Sel et poivre au goût

Préparation :
Préchauffez votre Cookeo en mode "Dorer" et ajoutez l'huile d'olive.
Faites revenir l'oignon et l'ail jusqu'à ce qu'ils soient translucides.
Ajoutez l'aubergine, la courgette, le poivron et faites-les revenir quelques minutes.
Ajoutez les tomates concassées, les herbes de Provence, le sel et le poivre. Mélangez bien. Sélectionnez le mode "Cuisson sous pression" et réglez le temps de cuisson sur 8 minutes.
Une fois la cuisson terminée, décompressez le Cookeo et servez la ratatouille chaude.

Poulet curry coco aux légumes

Ingrédients : pour 4 personnes
- 4 filets de poulet, coupés en dés + 1 oignon, émincé
- 2 gousses d'ail, émincées + 1 poivron, coupé en dés
- 1 courgette, coupée en dés + 200 ml de lait de coco
- 2 cuillères à soupe de pâte de curry + 1 cuillère à soupe d'huile d'olive
- Sel et poivre au goût

Préparation :
Préchauffez votre Cookeo en mode "Dorer" et ajoutez l'huile d'olive.
Faites revenir l'oignon, l'ail et le poivron jusqu'à ce qu'ils soient tendres.
Ajoutez les dés de poulet et faites-les dorer. Ajoutez la pâte de curry, le lait de coco, la courgette, le sel et le poivre. Mélangez bien.
Sélectionnez le mode "Cuisson sous pression" et réglez le temps de cuisson sur 8 minutes. Une fois la cuisson terminée, décompressez le Cookeo et servez le poulet curry coco aux légumes chaud.

Lentilles mijotées aux légumes

Ingrédients : pour 4 personnes
- 200 g de lentilles vertes + 1 carotte, coupée en dés
- 1 poireau, émincé + 1 oignon, émincé + 2 gousses d'ail, émincées
- 400 ml de bouillon de légumes + 1 cuillère à soupe d'huile d'olive
- Herbes de Provence au goût + Sel et poivre au goût

Préparation :
Préchauffez votre Cookeo en mode "Dorer" et ajoutez l'huile d'olive.
Faites revenir l'oignon, l'ail, le poireau et la carotte jusqu'à ce qu'ils soient tendres.
Ajoutez les lentilles, le bouillon de légumes, les herbes de Provence, le sel et le poivre. Mélangez bien.
Sélectionnez le mode "Cuisson sous pression" et réglez le temps de cuisson sur 15 minutes. Une fois la cuisson terminée, décompressez le Cookeo et servez les lentilles mijotées aux légumes chaudes.

Ratatouille de poisson

Ingrédients : pour 4 personnes
- 4 filets de poisson blanc (cabillaud, merlu, etc.)
- 1 aubergine, coupée en dés + 1 courgette, coupée en dés
- 1 poivron, coupé en dés + 1 oignon, émincé
- 2 gousses d'ail, émincées + 400 g de tomates concassées en conserve
- 1 cuillère à soupe d'huile d'olive + Herbes de Provence au goût
- Sel et poivre au goût

Préparation :
Préchauffez votre Cookeo en mode "Dorer" et ajoutez l'huile d'olive.
Faites revenir l'oignon et l'ail jusqu'à ce qu'ils soient translucides.
Ajoutez l'aubergine, la courgette, le poivron et faites-les revenir quelques minutes.
Ajoutez les tomates concassées, les herbes de Provence, le sel et le poivre. Mélangez bien. Placez les filets de poisson sur le mélange de légumes.
Sélectionnez le mode "Cuisson sous pression" et réglez le temps de cuisson sur 5 minutes. Une fois la cuisson terminée, décompressez le Cookeo et servez la ratatouille de poisson chaude.

Poêlée de légumes

Ingrédients : pour 4 personnes
- 1 courgette, coupée en dés + 1 poivron, coupé en dés
- 1 oignon, émincé + 2 gousses d'ail, émincées
- 200 g de champignons, tranchés + 1 cuillère à soupe d'huile d'olive
- Herbes de Provence au goût + Sel et poivre au goût

Préparation :
Préchauffez votre Cookeo en mode "Dorer" et ajoutez l'huile d'olive.
Faites revenir l'oignon, l'ail, la courgette, le poivron et les champignons jusqu'à ce qu'ils soient tendres. Ajoutez les herbes de Provence, le sel et le poivre. Mélangez bien.
Sélectionnez le mode "Cuisson sous pression" et réglez le temps de cuisson sur 5 minutes.
Une fois la cuisson terminée, décompressez le Cookeo et servez la poêlée de légumes chaude.

Curry de légumes et pois chiches

Ingrédients : pour 4 personnes
- 1 aubergine, coupée en dés + 1 courgette, coupée en dés + 1 poivron, coupé en dés
- 1 oignon, émincé + 2 gousses d'ail, émincées + 400 ml de lait de coco
- 200 g de pois chiches en conserve, rincés et égouttés
- 2 cuillères à soupe de pâte de curry + 1 cuillère à soupe d'huile d'olive
- Sel et poivre au goût

Préparation :
Préchauffez votre Cookeo en mode "Dorer" et ajoutez l'huile d'olive.
Faites revenir l'oignon et l'ail jusqu'à ce qu'ils soient translucides.
Ajoutez l'aubergine, la courgette, le poivron et faites-les revenir quelques minutes.
Ajoutez la pâte de curry, le lait de coco, les pois chiches, le sel et le poivre. Mélangez bien.
Sélectionnez le mode "Cuisson sous pression" et réglez le temps de cuisson sur 8 minutes. Une fois la cuisson terminée, décompressez le Cookeo et servez le curry de légumes et pois chiches chaud.

Poisson vapeur aux légumes

Ingrédients : pour 4 personnes
- 4 filets de poisson blanc (cabillaud, merlu, etc.) + 1 carotte, coupée en julienne
- 1 courgette, coupée en julienne + 1 poireau, coupé en julienne
- 1 citron, coupé en rondelles + Sel et poivre au goût
- Herbes de Provence au goût + Papier sulfurisé

Préparation :
Préchauffez votre Cookeo en mode "Dorer" et ajoutez un peu d'eau au fond de la cuve.
Placez une feuille de papier sulfurisé dans le panier vapeur du Cookeo.
Disposez les filets de poisson sur le papier sulfurisé.
Répartissez les légumes (carotte, courgette, poireau) sur les filets de poisson.
Assaisonnez avec le sel, le poivre et les herbes de Provence. Ajoutez les rondelles de citron.
Fermez le panier vapeur et placez-le dans la cuve du Cookeo.
Sélectionnez le mode "Cuisson sous pression" et réglez le temps de cuisson sur 5 minutes.
Une fois la cuisson terminée, décompressez le Cookeo et servez le poisson vapeur aux légumes chaud.

Courgettes farcies au quinoa

Ingrédients : pour 4 personnes
- 4 courgettes + 150 g de quinoa cuit + 1 oignon, émincé
- 2 gousses d'ail, émincées + 200 g de tomates concassées en conserve
- 100 g de fromage râpé + 1 cuillère à soupe d'huile d'olive
- Herbes de Provence au goût + Sel et poivre au goût

Préparation :
Préchauffez votre Cookeo en mode "Dorer" et ajoutez l'huile d'olive.
Faites revenir l'oignon et l'ail jusqu'à ce qu'ils soient translucides.
Ajoutez les tomates concassées, le quinoa cuit, les herbes de Provence, le sel et le poivre.
Mélangez bien. Coupez les courgettes en deux dans le sens de la longueur et évidez-les pour former des "barques". Remplissez les courgettes avec le mélange de quinoa.
Saupoudrez de fromage râpé sur le dessus des courgettes farcies.
Placez les courgettes farcies dans la cuve du Cookeo.
Sélectionnez le mode "Cuisson sous pression" et réglez le temps de cuisson sur 10 minutes. Une fois la cuisson terminée, décompressez le Cookeo et servez les courgettes farcies au quinoa chaudes.

Curry de pois chiches et patates douces

Ingrédients : pour 4 personnes
- 400 g de pois chiches en conserve, rincés et égouttés + 2 patates douces, coupées en dés + 1 oignon, émincé + 2 gousses d'ail, émincées
- 200 ml de lait de coco + 2 cuillères à soupe de pâte de curry
- 1 cuillère à soupe d'huile d'olive + Sel et poivre au goût

Préparation :
Préchauffez votre Cookeo en mode "Dorer" et ajoutez l'huile d'olive.
Faites revenir l'oignon et l'ail jusqu'à ce qu'ils soient translucides.
Ajoutez les patates douces et faites-les revenir quelques minutes.
Ajoutez les pois chiches, la pâte de curry, le lait de coco, le sel et le poivre. Mélangez bien.
Sélectionnez le mode "Cuisson sous pression" et réglez le temps de cuisson sur 8 minutes.
Une fois la cuisson terminée, décompressez le Cookeo et servez le curry de pois chiches et patates douces chaud.

Riz complet aux légumes

Ingrédients : pour 4 personnes
- 200 g de riz complet + 1 carotte, coupée en petits dés + 1 poivron, coupé en petits dés
- 1 oignon, émincé + 2 gousses d'ail, émincées + 400 ml de bouillon de légumes
- 1 cuillère à soupe d'huile d'olive + Herbes de Provence au goût
- Sel et poivre au goût

Préparation :
Préchauffez votre Cookeo en mode "Dorer" et ajoutez l'huile d'olive.
Faites revenir l'oignon et l'ail jusqu'à ce qu'ils soient translucides.
Ajoutez la carotte, le poivron et faites-les revenir quelques minutes.
Ajoutez le riz complet, les herbes de Provence, le sel, le poivre et mélangez bien.
Versez le bouillon de légumes dans le Cookeo et mélangez.
Sélectionnez le mode "Cuisson sous pression" et réglez le temps de cuisson sur 20 minutes. Une fois la cuisson terminée, décompressez le Cookeo et servez le riz complet aux légumes chaud.

Aubergines rôties à la tomate et au fromage

Ingrédients : pour 4 personnes
- 2 aubergines, coupées en rondelles + 400 g de tomates concassées en conserve
- 100 g de fromage râpé + 2 gousses d'ail, émincées
- 1 cuillère à soupe d'huile d'olive + Herbes de Provence au goût
- Sel et poivre au goût

Préparation :
Préchauffez votre Cookeo en mode "Dorer" et ajoutez l'huile d'olive.
Faites revenir l'ail jusqu'à ce qu'il soit légèrement doré.
Ajoutez les rondelles d'aubergine et faites-les revenir des deux côtés jusqu'à ce qu'elles soient légèrement dorées.
Ajoutez les tomates concassées, les herbes de Provence, le sel et le poivre. Mélangez bien.
Sélectionnez le mode "Cuisson sous pression" et réglez le temps de cuisson sur 10 minutes.
Une fois la cuisson terminée, décompressez le Cookeo et saupoudrez le fromage râpé sur les aubergines rôties.
Placez le Cookeo en mode "Grill" ou "Dorer" pendant quelques minutes pour faire fondre le fromage.
Servez les aubergines rôties à la tomate et au fromage chaud.

Lentilles corail aux légumes et épices

Ingrédients : pour 4 personnes
- 200 g de lentilles corail + 1 carotte, coupée en petits dés + 1 oignon, émincé
- 2 gousses d'ail, émincées + 400 ml de bouillon de légumes
- 1 cuillère à soupe de curry en poudre + 1 cuillère à café de curcuma en poudre
- 1 cuillère à café de cumin en poudre + 1 cuillère à soupe d'huile d'olive
- Sel et poivre au goût

Préparation :
Préchauffez votre Cookeo en mode "Dorer" et ajoutez l'huile d'olive.
Faites revenir l'oignon et l'ail jusqu'à ce qu'ils soient translucides.
Ajoutez la carotte et faites-la revenir quelques minutes.
Ajoutez les lentilles corail, le curry, le curcuma, le cumin, le sel et le poivre. Mélangez bien.
Versez le bouillon de légumes dans le Cookeo et mélangez.
Sélectionnez le mode "Cuisson sous pression" et réglez le temps de cuisson sur 10 minutes.
Une fois la cuisson terminée, décompressez le Cookeo et servez les lentilles corail aux légumes et épices chaudes.

Poêlée de légumes à l'italienne

Ingrédients : pour 4 personnes
- 1 courgette, coupée en dés + 1 poivron, coupé en dés + 1 oignon, émincé
- 2 gousses d'ail, émincées + 200 g de tomates cerises, coupées en deux
- 1 cuillère à soupe d'huile d'olive + 1 cuillère à café d'origan séché
- Sel et poivre au goût

Préparation :
Préchauffez votre Cookeo en mode "Dorer" et ajoutez l'huile d'olive.
Faites revenir l'oignon et l'ail jusqu'à ce qu'ils soient translucides.
Ajoutez la courgette, le poivron et faites-les revenir quelques minutes.
Ajoutez les tomates cerises, l'origan, le sel et le poivre. Mélangez bien.
Sélectionnez le mode "Cuisson sous pression" et réglez le temps de cuisson sur 5 minutes.
Une fois la cuisson terminée, décompressez le Cookeo et servez la poêlée de légumes à l'italienne chaude.

Poulet rôti aux légumes à IG bas

Ingrédients : pour 4 personnes
- 4 cuisses de poulet + 2 carottes, coupées en rondelles
- 2 pommes de terre, coupées en dés + 1 oignon, émincé
- 2 gousses d'ail, émincées + 1 cuillère à soupe d'huile d'olive
- Herbes de Provence au goût + Sel et poivre au goût

Préparation :
Préchauffez votre Cookeo en mode "Dorer" et ajoutez l'huile d'olive.
Faites revenir l'oignon et l'ail jusqu'à ce qu'ils soient translucides.
Ajoutez les cuisses de poulet et faites-les dorer des deux côtés.
Ajoutez les carottes, les pommes de terre, les herbes de Provence, le sel et le poivre.
Mélangez bien. Sélectionnez le mode "Cuisson sous pression" et réglez le temps de cuisson sur 15 minutes.
Une fois la cuisson terminée, décompressez le Cookeo et servez le poulet rôti aux légumes chaud.

Quinoa aux légumes et feta

Ingrédients : pour 4 personnes
- 200 g de quinoa + 1 poivron, coupé en dés
- 1 courgette, coupée en dés + 1 oignon, émincé
- 2 gousses d'ail, émincées + 100 g de feta, émiettée
- 1 cuillère à soupe d'huile d'olive + Jus d'un citron
- Sel et poivre au goût

Préparation :
Préchauffez votre Cookeo en mode "Dorer" et ajoutez l'huile d'olive.
Faites revenir l'oignon et l'ail jusqu'à ce qu'ils soient translucides.
Ajoutez le quinoa, le poivron, la courgette et faites revenir quelques minutes.
Versez le jus de citron, le sel et le poivre dans le Cookeo. Mélangez bien.
Ajoutez de l'eau jusqu'à recouvrir légèrement les ingrédients.
Sélectionnez le mode "Cuisson sous pression" et réglez le temps de cuisson sur 5 minutes. Une fois la cuisson terminée, décompressez le Cookeo et ajoutez la feta émiettée. Mélangez délicatement. Servez le quinoa aux légumes et feta chaud.

Chili végétarien à IG bas

Ingrédients : pour 4 personnes
- 400 g de haricots rouges en conserve, rincés et égouttés
- 200 g de maïs en conserve, rincé et égoutté
- 1 poivron rouge, coupé en dés + 1 oignon, émincé
- 2 gousses d'ail, émincées +400 g de tomates concassées en conserve
- 1 cuillère à soupe de poudre de chili + 1 cuillère à café de cumin moulu
- 1 cuillère à café de paprika + 1 cuillère à soupe d'huile d'olive
- Sel et poivre au goût

Préparation :
Préchauffez votre Cookeo en mode "Dorer" et ajoutez l'huile d'olive.
Faites revenir l'oignon et l'ail jusqu'à ce qu'ils soient translucides.
Ajoutez le poivron et faites-le revenir quelques minutes.
Ajoutez les haricots rouges, le maïs, les tomates concassées, la poudre de chili, le cumin, le paprika, le sel et le poivre. Mélangez bien. Sélectionnez le mode "Cuisson sous pression" et réglez le temps de cuisson sur 10 minutes. Une fois la cuisson terminée, décompressez le Cookeo et servez le chili végétarien chaud.

Ratatouille de quinoa à IG bas

Ingrédients : pour 4 personnes
- 200 g de quinoa + 1 aubergine, coupée en dés + 1 courgette, coupée en dés
- 1 poivron, coupé en dés + 1 oignon, émincé + 2 gousses d'ail, émincées
- 400 g de tomates concassées en conserve + 1 cuillère à soupe d'huile d'olive
- Herbes de Provence au goût + Sel et poivre au goût

Préparation :
Préchauffez votre Cookeo en mode "Dorer" et ajoutez l'huile d'olive.
Faites revenir l'oignon et l'ail jusqu'à ce qu'ils soient translucides.
Ajoutez l'aubergine, la courgette, le poivron et faites-les revenir quelques minutes.
Ajoutez les tomates concassées, les herbes de Provence, le sel et le poivre. Mélangez bien. Ajoutez le quinoa et mélangez à nouveau. Versez de l'eau jusqu'à recouvrir légèrement les ingrédients. Sélectionnez le mode "Cuisson sous pression" et réglez le temps de cuisson sur 10 minutes. Une fois la cuisson terminée, décompressez le Cookeo et servez la ratatouille de quinoa chaude.

Printed in France by Amazon
Brétigny-sur-Orge, FR